U0754795

AI
教师

从作业定制到
个性化学习

白雅娟 ◉ 著

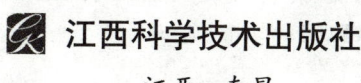

江西科学技术出版社

江西·南昌

图书在版编目（CIP）数据

AI 教师：从作业定制到个性化学习 / 白雅娟著 .

南昌：江西科学技术出版社，2025. 4. -- ISBN 978-7 -5390-9467-0

Ⅰ . G40-057

中国国家版本馆 CIP 数据核字第 2025KT2482 号

AI 教师：从作业定制到个性化学习　　　　　　　　白雅娟　著
AI JIAOSHI：CONG ZUOYE DINGZHI DAO GEXINGHUA XUEXI

出版 发行	江西科学技术出版社
社址	南昌市蓼洲街2号附1号
	邮编：330009　电话：（0791）86623491　86639342（传真）
印刷	定州启航印刷有限公司
经销	全国新华书店
开本	710 mm × 1000 mm　1/16
字数	185 千字
印张	12.5
版次	2025 年 4 月第 1 版
印次	2025 年 4 月第 1 次印刷
书号	ISBN 978-7-5390-9467-0
定价	78.00 元

国际互联网（Internet）地址：http://www.jxkjcbs.com　　选题序号：KX2025090　　赣版权登字：-03-2025-76

责任编辑：程宁宁　　　总策划：杨　青　　出版统筹：柴占伟

策划编辑：杜若婷　　　装帧设计：张　晴　章　越

版权所有　侵权必究

（赣科版图书凡属印装错误，可向承印厂调换）

看到"AI 教师"几个字，你脑海中首先浮现的想法是什么？

你可能会想到，AI 教师会不会取代真人教师呢？

在回答这个问题之前，我们先来讲一个故事：

有一天，两个人到森林里游玩，正当他们玩得开心的时候，突然看到了一头野兽。其中一个人立马蹲下来系鞋带，另一个人看到，疑惑地问："你系鞋带有什么用？我们能跑过那头野兽吗？"那个人站起身来，看着同伴说："我不用跑过它，只要跑过你就行了。"

讲完了这个故事，上面那个问题的答案也就不重要了。因为 AI 会不会取代真人教师，没有人能够给出准确的回答，但会用 AI 的教师，在未来有可能会取代不会用 AI 的教师。

当然，笔者写本书的目的不是让谁去取代谁，因为教师的工作不是去和谁竞争，而是做好教学工作。但面对 AI 的到来，作为教师，又不能置之不理，否则很容易被时代抛弃。便是在这样的背景下，笔者产生了写这样一本书的想法。

那本书所讲的 AI 教师究竟是什么呢？

就 AI 技术目前的发展阶段而言，笔者在本书所界定的 AI 教师是指文心一言、通义千问、豆包等大语言模型。这些大语言模型可以辅助真人教师完成教学任务，也可以辅助学生进行个性化学习，从这个角度来看，将它们称为教师并无不可。

不过，目前的 AI 教师还存在一定的技术局限性，只能作为教师教学和学生学习的辅助性工具。当然，即便只是处于辅助阶段，它也已经能够为教师的教学和学生的学习带来更多的可能。尤其对于教师而言，他可以在 AI 教师的辅助下解决很多教师职责之内，但与教学无关的事，从而让教师有更多的精力投入到真正有意义的教学之中。这也是笔者撰写本书的意义所在。

在撰写本书时，针对 AI 回答的内容，笔者尽可能保留了 AI 的原始输出，仅在必要的情况下做了少量改动。此外，本书中关于各种 AI 工具（本书只涉及了电脑网页版和 APP 两种版本）的操作演示，如果没有特别提示，均以电脑网页版为例。

本书在写作过程中，使用 AI 软件或 ChatGPT 的问答截图均为自动生成，可能存在不足或错误之处，还请广大读者斧正。

目录

第1章

AI 时代已经到来

1.1 你了解 AI 吗？

AI 是什么

　　AI 是 Artificial Intelligence 的缩写，直译为人工的和智慧的，即我们常说的人工智能。自 2022 年 ChatGPT3.5 问世之后，人工智能这个词频繁出现在各类媒体上，但究竟什么是人工智能呢？简单来说，就是让机器模拟人类的思维能力，并像人一样去感知、去学习、去思考、去决策。

　　在做进一步的解释之前，我们不妨先了解一下人类大脑的智能是怎样实现的。人类大脑存在一千多亿个神经元，这些神经元通过大量的神经突触连接到一起，构成了一个复杂的神经网络。我们做的任何事情，如学习、思考、决策，都是这个神经网络活动的结果。非常神奇的一点是，神经元的连接并不是一成不变的，当我们获得新的经验后，神经元的连接方式也会随之发生变化，所以随着我们的成长，我们的思维方式也在不断地发生变化。

　　基于人类大脑的神经网络，科学家构建了一个人工神经网络，它可以像人类的神经网络一样，通过投喂大量的数据进行学习，即机器学习。当机器学会了学习，一系列的问题也就迎刃而解了。它就像一个小孩，通过不断学习，从懵懂一点点变得智能。

　　这种智能体现在很多方面，如识别人脸、识别语言、理解自然语言。其中，理解自然语言是最突出的一项智能，因为这已经进入了认知的范畴，即它不仅仅要分辨出这些语言是什么（识别人脸、识别语言仅仅是停留在分辨层面），还要理解这些语言的含义。比如，你来到了一个关于人工智能的会议上，听到有人说"人工智能是研究、开发用于模拟、延伸和扩展人的智能的理论、方法、技术及应用系统的一门新的技术科学"，这句话中的每一个字你都认识（即识别），但这句话究竟是什么意思呢（即理解）？

自然语言理解可不是一件简单的事，有时候别人说一句话，你尚且不能理解，要想让机器去理解，无疑就更难了。那该如何让机器理解人类复杂的语言呢？机器学习解决了这一难题，即让机器在大量的语言中进行自我学习，然后总结出它自己的规律。

其实，关于 AI 可以理解自然语言这一点，想必很多人都不陌生，除了国外的 ChatGPT 外，国内的很多人工智能软件已经都可以做到这一点，如文心一言、通义千问、讯飞星火等。

图 1-1 是文心一言针对我们的问题给出的答案，它不仅理解了我们的问题，甚至还通过推理给出了问题的答案。

一个人向南走100米，又向东走100米，然后向北走100米，他回到了原地，看见了一头熊，请问这头熊是什么颜色的？

这是一道经典的谜题，首先，当我们说"回到原点"时，我们意味着这个人最终回到了他最初的位置。为了在往南走100米、往东走100米、然后往北走100米后回到原点，我们需要考虑在哪些位置上这是可能的：

（1）北极：在北极附近，当你往南走100米，你会远离北极。当你往东走，实际上你只是在北极的某个纬度圈上移动，而不是真正地"离开"北极。所以往东走100米后，你仍然很接近北极。接下来，往北走100米，你会返回到原点。

（2）南极：同样的，在南极附近，当你往南走100米，你会更加深入南极。当你往东走，实际上你只是在南极的某个纬度圈上移动，而不是真正地"离开"南极。所以往东走100米后，你仍然很接近南极。然后，往北走100米，你会返回到原点。

（3）地球上其他的地方：在地球的其他地方，如赤道附近，当你往南走100米、往东走100米、然后往北走100米，你不会回到原点。

所以这个人的位置是在南极或者北极。

接下来我们来看问题的第二部分，题目中提到这个人看到了一只熊，根据常识我们知道南极是没有熊的，只有北极有熊，所以这个人应该是在北极，同时我们知道北极熊是北极唯一存在的熊种，而北极熊是白色

图 1-1　发给文心一言的问题及它给出的答案

随着 AI 的发展，很多人开始产生一个担忧：我的工作会被 AI 取代吗？这也成了近两年职场人最热门的话题之一。为什么人们会产生这样的担忧呢？因为这一次的人工智能的确让我们看到了它智能的一面。我们不知道，是否在不久之后，人工智能会实现飞跃式的发展，进而取代一个又一个行业中的打工人？

虽然问题的答案我们不得而知，但人工智能的确正在影响着我们的生活，并且随着 AI 的发展，它所产生的影响也将会越来越大，所以认识 AI，应用 AI，并了解它的发展趋势，对每个人而言，都有一定的意义。

人工智能产生了哪些影响

人工智能是一把"双刃剑"，它产生的影响既有积极的一面，也有消极的一面。

积极的一面包括：

①提高工作效率。在许多行业中，人工智能能轻松处理很多繁重、重复甚至危险的任务，它将把越来越多的人从这些工作中解放出来，让人们可以专注于更有创造性的工作。

②提高生活质量。人工智能技术可以快速识别、分析和处理复杂的信息，加快信息的传输和处理速度，为人们的日常生活提供更多的便利。

③提升医疗水平。通过分析大量医疗数据，人工智能可以辅助医生进行更准确、更快速的诊断和治疗。

④变革教育方式。人工智能为教育带来了新的变革。教育机器人可以根据学生的学习情况提供个性化的学习辅导，帮助学生更好地理解和掌握知识；智能教学系统能够根据学生的学习进度和能力制定个性化的学习方案，满足不同学生的学习需求。

⑤提供个性化服务。人工智能技术可以根据个人的兴趣、偏好和行为习惯，提供个性化的服务和建议。

消极的一面包括：

①就业问题。随着人工智能技术的发展，一些重复性、规律性强的工作可能会被机器取代，导致部分人面临失业的风险。

②隐私问题。人工智能的应用需要大量的个人数据来进行训练和学习，这可能会引发数据隐私的问题。如果个人数据被不法分子滥用或泄露，可能会对个人的隐私和安全造成威胁。

③依赖性问题。人工智能提供的便利可能会让人们过度依赖科技，从而失去一些基本的生活技能和思考能力。

④法律与道德问题。人工智能在一些领域的应用可能会引发法律和道德方面的争议。

当然，以上只是人工智能所产生的影响的一部分，未来，随着人工智能技术的发展，我们将会看到它给社会带来的更多改变。

1.2　AI 时代，教育的挑战与机遇

AI 的崛起，对教育而言，既带来了挑战，也带来了发展机遇。接下来，我们便从多个角度进行深入的论述。

AI 给教育带来的挑战

1. 教师角色转变的挑战

在传统的教育模式中，教师长期扮演着主导者的角色，习惯了以自己为中心向学生传授知识。随着 AI 在教育中的应用，教师的角色将随之发生转变，即从主

导者转变为学生的引导者和陪伴者。例如，在传统的课堂上，教师主要是通过板书和讲解来教授学生知识，学生被动接受，而有了 AI 的辅助，学生可以自主去探索知识的形成过程。在这个过程中，教师只需要陪伴在学生身边，在学生需要时为学生提供适当的引导。对于许多教师而言，适应新的角色要求将是一个不小的挑战。

此外，为了更好地利用 AI 工具辅助教学，教师需要掌握一定的人工智能技术知识。一方面，教师要熟悉各种智能教学平台的操作，以便能够顺利地开展教学活动；另一方面，教师还需要学会解读人工智能生成的学生学习分析报告，从中获取学生的学习情况、知识薄弱点等信息，进而有针对性地进行教学。然而，对于一些年龄较大、信息技术基础薄弱的教师来说，学习这些新技术并非易事，他们可能需要花费大量的时间和精力去学习和适应，这也为他们的教学工作带来了不小的挑战。

2. 学生学习方式的适应性挑战

在教育领域应用 AI，不仅对教师是一个挑战，对学生同样也是一个不小的挑战。如前所述，随着 AI 在教育中的应用，教师角色及其教学方式都将发生不小的转变，这对于一些习惯了传统教学方式的学生来说，这些新的学习方式可能会让他们感到不适应。比如，在借助 AI 自主探索的过程中，他们可能会对因缺乏教师的直接指导感到迷茫，不知道如何进行自主学习。

对 AI 产生过度依赖也是学生需要面临的一个挑战。一些 AI 工具为学生提供了便捷的学习途径，但这也很容易让学生产生过度依赖。当学生遇到问题时，第一个想到的就是寻求 AI 工具的帮助，而不是自己思考和探索，这不仅影响学生的学习效果，还会阻碍他们思维能力的发展。其实，这样的情况已经出现在现实生活中，一些学生在课后用 AI 做作业，本该成为学生学习帮手的 AI 成了替学生作弊的"枪手"。

3. 伦理与安全的挑战

AI 在给教育带来便利的同时，也可能会引发一系列的伦理和安全问题，如数据隐私保护、算法偏见。在教育领域应用 AI 时，往往需要收集大量的学生数据，包括个人基本情况、学习成绩、学习习惯、兴趣爱好等，这些数据涉及学生的个人隐私。如果数据管理不当，可能会导致数据泄露、滥用等问题，给学生带来安全隐患。另外，AI 算法是基于数据进行训练的，如果数据存在偏差或不完整，可能会导致算法产生偏见。这种偏见可能会影响学生的学习机会和教育评价的公正性。

AI 给教育带来的机遇

1. 推动教学创新

随着 AI 在教育中的应用越来越深入，AI 将逐步推动教学的创新。首先是课程设计的创新。在 AI 的辅助下，课程设计将会迎来更多的可能。比如，在跨学科融合上，教师可以利用 AI 算法对历史文化数据和地理信息数据进行挖掘，在历史课程中构建出古代文明发展与地理环境关系的动态模型。学生可以通过与这个 AI 模型互动，深入理解不同学科知识在实际场景中的交互作用。其次是合作学习模式的创新，即让学生与虚拟的学习伙伴一起学习，这种虚拟学习伙伴可以随时陪伴学生学习，不受时间和空间的限制，为学生提供了一种全新的学习互动体验。再次是教学评价的创新。通常来说，教学评价指标是相对固定的，但 AI 可以根据社会需求和教育发展趋势动态调整评价指标。比如，随着社会对创新能力的需求增加，AI 可以在评价中逐渐加大对学生创新思维和实践能力的权重，从而使评价指标更加符合社会的需求。

2. 个性化学习的实现

不同的学生在学习进度、学习习惯、学习方法上存在着差异，传统的班级授课制难以满足这些差异的需求。而 AI 技术可以通过收集和分析学生的学习数据，如学习时间、答题准确率、知识点掌握情况等，精准地了解不同学生之间的差异。有了学生"画像"，下一步便是针对不同学生制定个性化的学习路径。比如，对于学习能力较强、基础知识扎实的学生，AI 可以提供一些拓展性的学习内容，帮助他们进一步提升能力；而对于学习进度较慢、基础知识掌握还不够牢固的学生，AI 可以放慢节奏，提供更多的基础练习和辅导，确保他们能够跟上教学的进度。

3. 教育资源的整合与共享

基于 AI 构建的教育平台可以打破地域和时间的限制，将全球范围内的优质教育资源整合到一起，学生只需要进入该类教育平台，便可以享受到世界各地的名校课程、专家讲座及学术研究成果。教师也可以将自己制作的优质教学课件、教学视频等上传到该类教育平台，供其他教师和学生使用。当然了，学生也可以将自己的学习心得、解题思路等分享到平台上，与其他同学进行交流。

4. 减轻教师负担

在教学中应用好 AI，可以在很大程度上减轻教师的负担。在备课过程中，教师可以通过 AI 获取大量的教学素材和教学案例，并利用 AI 生成教学计划和教案，提高备课的效率。在作业批改环节，AI 技术可以初步实现作业的自动化批改，这可以帮助教师节省大量的时间和精力。在其他方面，如撰写各类发言稿、设计作业等，AI 同样可以发挥一定的作用。当教师的负担有了一定程度的减轻时，他们便可以有更多的精力和时间关注学生的学习情况和个性化需求。

1.3 AI 时代，教师该怎么做？

在教育领域，有一个老生常谈的话题：虚拟教师会取代真人教师吗？这个问题和所有职场人担忧的问题一样——我的工作会被 AI 取代吗？谁也无法给出准确的回答。不过，面对 AI 的发展，面对 AI 给教育带来的挑战与机遇，作为教师的我们不能无动于衷，而是要站在时代的前沿，去做些什么。那教师究竟该怎么做呢？

改变认知，接纳 AI

教师应该认识到，AI 已逐渐成为一种不可忽视的强大力量，而将 AI 应用到教育教学中也是大势所趋。因此，教师应积极地接纳 AI，消除对 AI 可能取代教师职业的担忧，并将 AI 视为提升教学质量的有力助手。例如，AI 可以收集学生在课堂上的参与度（如发言次数、提问情况）、课后作业完成情况（如正确率、完成时间）、在线学习行为（如浏览的学习资源、停留时间）等多方面的数据，从而绘制出每个学生详细的学习画像。教师可以根据这个学习画像，借助 AI 为学生量身定制个性化的学习方案。虽然 AI 能够高效地处理大量信息、执行重复性任务，但人类所具备的情感是独一无二且难以被 AI 替代的，所以师生不能因为使用了 AI 就忽视了师生间的情感交流。

当教师将 AI 引入课堂，学生也会随之开始频繁、近距离地使用 AI，为了让学生正确认识 AI，教师需要给学生正确的引导，告诉学生 AI 是一把双刃剑，它在给社会带来积极影响的同时，也带来了一些消极的影响。教师可以通过开展一些活动的方式让学生逐步加深这一认知。例如，教师可以设置一些社会热点话题，如"AI 是否会取代职场人"，然后让学生进行调研、分析并撰写报告。通过这种方式，不仅可以引导学生关注 AI 技术本身，还可以促使其思考 AI 在社会、经济、环境等多方面的作用，从而促进其批判性思维的发展。

教师还可以向学生警示使用 AI 可能带来的潜在风险。比如，AI 生成的信息可能存在错误或者误导性内容，学生需要具备批判性思维来辨别信息的真伪。在数据隐私方面，要让学生知道如果随意在不可信的 AI 平台上输入个人信息可能会导致隐私泄露。此外，教师还需要提醒学生注意 AI 在社会公平、伦理道德等方面可能引发的问题，如遇算法歧视可能会使某些群体遭遇不公平的对待。

提升自己的信息素养

教师要想在教育教学中利用好 AI，必须不断提升自己的信息素养。

首先，教师需要学会使用一些 AI 工具，如文心一言、通义千问、豆包、DeepSeek 等国内开发的大语言模型。即便学校引入了 AI 教育平台，这些 AI 工具依旧能够发挥一定的作用，教师也需要对这些工具有一定的了解，并掌握使用方法。

其次，教师要能够在众多的 AI 教育产品宣传中筛选出真正适合自己教学内容和学生特点的工具，像某些智能辅导软件，它是否能够与课程标准相匹配，是否能提供个性化的学习支持。

再次，教师需要不断跟进 AI 技术的发展动态，参加相关的培训课程、研讨会等，以便能够及时将新的技术成果应用到教学中。

最后，教师要能够将获取和分析后的 AI 信息融入教学之中。比如，教师能够根据 AI 分析出的学生学习数据，调整教学目标、教学内容和教学方法。

那么，教师该如何提升自己的信息素养呢？

第一，教师可以通过观看视频、阅读专业书籍与学术论文进行自我学习。在这个过程中，教师需要跟着视频或书籍进行实践探索，自己动手尝试使用一些 AI 工具，不断提升自己对 AI 技术的应用能力。

第二，参加学校或教育机构组织的 AI 信息素养培训课程。与自主学习相比，这些课程的优点是更加系统，教师可以系统地学习 AI 技术基础知识、AI 教育应用知识以及信息获取、分析和应用的技能。

第三，参加教师专业社群或组织的交流活动。在这些活动中，教师可以与同行分享自己在 AI 信息素养提升方面的经验、遇到的问题以及解决方案。学校也可以开展一些校内或校际的合作项目，让教师在项目合作过程中相互学习、共同提高。

第四，参与 AI 社区或论坛的交流。在一些知名的 AI 社区或论坛中，教师可以与 AI 开发者、研究人员等进行交流互动，获取最新的 AI 技术信息。

需要强调的是，当教师在教育教学中应用 AI 时，尤其当需要使用 AI 工具收集和处理学生数据时，需遵循学校、教育机构及国家和地区关于数据使用的规范和法律法规。比如，在使用学习管理系统收集学生的学习行为数据（如在线学习时长、答题情况）时，要确保这些数据的收集是经过学生或家长同意的，并且对数据进行安全存储，防止数据泄露。所收集的数据只能用于教育，不能用于商业。

1.4 AI 时代，家长该如何利用 AI？

AI 作为一个工具，可以为家庭教育带来更多的便利，因此，家长如何利用好 AI，以充分发挥 AI 在家庭教育中的优势，是当代家长需要思考的一个问题。那么，AI 时代，家长该如何利用好 AI 呢？

利用 AI 辅导孩子学习

辅导作业是让很多家长头疼的事情，因为随着孩子年级的增高，家长的知识盲区也越来越多，这时，家长便可以借助 AI，让 AI 给出详细的解题思路，家长理解后，再给孩子进行讲解。

例如，在豆包 APP 首页有一个"拍题答疑"的功能（图 1-2），家长可以将自己不会的题拍照上传，然后让豆包给出详细的解题思路。

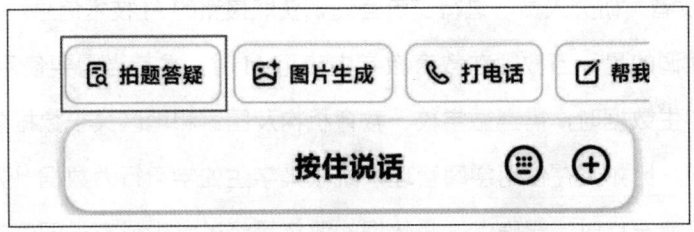

图 1-2　豆包 APP 中的"拍照答疑"功能

图 1-3 是一道数学题，拍照上传后，豆包会先识别题目，家长要先确定题目识别是否正确，随后豆包会给出答案，并给出解析和总结，具体内容见下方文字。

8. 小刚去买文具，日记本 3 元一本、钢笔 4 元一支、文具盒 12 元一个。如果小刚买了一些钢笔和文具盒，他付给营业员 50 元，找回 17 元，找的钱对吗？写出你的理由。

图 1-3　数学题

豆包给出的解答：

识别题目

小刚去买文具，日记本 3 元一本、钢笔 4 元一支、文具盒 12 元一个。如果小刚买了一些钢笔和文具盒，他付给营业员 50 元，找回 17 元，找的钱对吗？写出你的理由。

答案

找的钱不对。

解析：先计算小刚购买钢笔和文具盒花费的钱，再根据数的奇偶性判断找零是否正确。

详解

1. 计算花费的钱

小刚付给营业员 50 元，找回 17 元，所以他购买钢笔和文具盒实际花费的钱：50-17+33（元）。

2. 判断花费钱数的奇偶性

因为钢笔 4 元一支，文具盒 12 元一个，它们的单价都是偶数。

根据"一个数 × 偶数 = 偶数",所以不管买多少支钢笔和多少个文具盒,花费的钱数都应该是偶数。

又因为"偶数 + 偶数 = 偶数",所以购买钢笔和文具盒的总花费一定是偶数。

而 33 是奇数,不符合偶数的特征。

再根据"偶数 − 偶数 = 偶数",付的钱 50 元是偶数,所以找回的钱也应该是偶数。

总结

找的钱不对,因为购买钢笔和文具盒的总花费应该是偶数,而实际计算出的花费是 33 元,为奇数,所以找零应该是偶数才对。

利用 AI 解决亲子问题

亲子关系也是让很多家长头疼的一个问题。孩子游戏成瘾怎么办?孩子做作业磨蹭怎么办?孩子不合群怎么办?面对这些棘手的问题,家长可以把 AI 当成一个教育咨询专家,将这些问题抛给 AI,让它帮你分析问题,并给出解决方法。

比如,将"为什么孩子写作业时总磨磨蹭蹭"抛给豆包后,它给出了详细的分析:

孩子写作业时总磨磨蹭蹭可能有以下多种原因:

(1)自身习惯和能力方面

①时间管理能力欠缺

孩子可能还没有清晰的时间概念,不知道如何合理安排写作业的时间。例如,他们不清楚做一道数学题大概需要多久,也不懂得将作业按照难易程度或者科目进行分类,制订一个高效的作业计划。

②注意力不集中

容易被干扰:孩子的注意力很容易被周围的环境因素分散。比如,写作业时旁边有玩具、电视或者其他电子产品,就会忍不住去看或者玩。即使没有这些明显的干扰源,房间里的一些小动静,如窗外的鸟鸣声、家人的走动声等,也可能使他们分心。

自身注意力稳定性差：不同年龄段孩子的注意力稳定性是有差别的。小学生，尤其是低年级学生，他们的注意力集中时间较短，可能只能持续 15～20 分钟。如果作业量较多或者比较枯燥，他们就很容易产生厌烦情绪，从而开始磨蹭。

③学习基础薄弱

如果孩子对某些知识掌握得不够扎实，在写作业过程中就会遇到很多困难。例如，数学运算不熟练，在做数学作业时，每一道题都要花费很长时间去思考计算方法或者进行验算；语文的字词拼写、语法知识掌握不牢，写作文时也会因为词汇量有限、不知道如何组织句子而进展缓慢。这种频繁卡壳的情况会导致孩子写作业的整体速度变慢，看起来就是在磨蹭。

（2）心理和情绪方面

①缺乏兴趣和动力

作业内容如果过于单调、重复，孩子会觉得枯燥乏味。例如，一些抄写类的作业，只是机械地重复书写，孩子很难从中找到乐趣。而且如果孩子没有理解作业的意义，觉得写作业只是为了完成老师或者家长布置的任务，就会缺乏内在的动力，表现出磨蹭的态度。

②压力过大

家长和老师对孩子的期望过高，给孩子带来了很大的压力。比如，家长总是强调成绩的重要性，要求孩子每次考试都要达到很高的分数。当孩子面对作业时，就会害怕犯错，从而过度紧张。这种紧张情绪会干扰他们正常的思考和作业速度，他们可能会反复检查已经写好的内容，或者在写每个字、每道题时都小心翼翼，导致作业速度非常慢。

③消极对抗情绪

如果孩子与家长或者老师之间存在矛盾或者不愉快的经历，可能会通过磨蹭来表示反抗。例如，家长在孩子写作业时总是在旁边唠叨、指责，孩子可能会产生逆反心理，故意放慢速度，以此来表达自己的不满。

（3）家庭环境方面

①缺乏独立的学习空间

如果孩子写作业的环境过于嘈杂，比如家里人在客厅大声聊天、看电视，或者有多个孩子在同一个空间玩耍，这都会影响孩子的注意力，使他们难以专注于作业，从而出现磨蹭的现象。

②家长的过度干预

有些家长在孩子写作业时过于热心，孩子刚写错一个字或者算错一道题就马上指出来，并且要求孩子立即改正。这种频繁打断会打乱孩子的作业节奏，使他们难以集中精力独立思考，久而久之，孩子的作业速度就会受到影响。

家长可以结合家庭、自身及孩子的情况，筛选出可能的原因。知道原因后，家长可以进一步将问题抛给豆包，让它给出解决方法。比如，如何提高孩子的时间管理能力。豆包给出的方法如下：

以下是一些提高孩子时间管理能力的方法：

（1）帮助孩子建立时间概念

①使用时钟和定时器

为孩子准备一个时钟，让他们能够直观地看到时间的流逝。可以和孩子一起观察时钟的指针，解释时针、分针和秒针的运动规律。例如，在孩子开始写作业时，告诉他们分针走到某个位置（如半小时后）应该完成一部分作业。同时，使用定时器，给孩子设定特定的作业时间，如 20 分钟，当定时器响起时，让孩子检查自己完成了多少作业。

②将时间具象化

把时间和孩子熟悉的事物联系起来。比如，告诉孩子看一集动画片的时间大概是 20 分钟，这 20 分钟可以用来做多少作业；或者说吃一顿饭的时间，如果快一点吃，节省下来的时间就可以用来阅读一本有趣的书。

（2）制订计划

①日计划

每天晚上和孩子一起制订第二天的计划。首先列出孩子需要完成的作业任务，然后根据作业量和难易程度，将时间分配到每一项任务上。例如，数学作业预计 30 分钟，语文作业 40 分钟等。可以把计划写在一个小本子上或者制作成一张简单的表格，让孩子可以随时查看。同时，也要安排好休息和娱乐的时间，如每完成一项作业，可以休息 10 分钟。

②周计划

除了日计划，还可以制订周计划。把一些长期的任务或者课外活动安排在周计划里。比如，孩子每周要进行一次课外阅读分享，那么就可以在周计划中确定是哪一天进行阅读、哪一天进行分享准备。这样可以让孩子对一周的时间安排有更宏观的把握，避免任务堆积。

（3）培养习惯

①设定固定的作业时间和地点

让孩子每天在固定的时间开始写作业，比如放学后休息 15 分钟就开始。选择一个安静、整洁、没有干扰的固定地点作为孩子的学习区，如书房或者孩子房间的书桌。这样，孩子一到这个时间和地点，就会条件反射地进入学习状态。

②先完成重要任务

教导孩子按照任务的重要性和紧急程度来安排作业顺序。一般来说，先完成学校布置的作业，再做课外练习或者与兴趣爱好相关的任务。在做作业时，也可以先做难度较大或者明天就要交的作业，避免拖延到最后导致时间紧张。

（4）监督与奖励机制

①适度监督

在孩子开始培养时间管理能力的初期，家长需要适度监督。但不要过于干涉孩子具体的作业过程，而是关注孩子是否按照计划进行。例如，看看孩子是否在规定的时间内开始写作业，有没有休息时间过长等情况。如果发现孩子偏离了计划，要及时提醒。

②奖励制度

当孩子能够按照计划完成作业，有效管理自己的时间时，给予适当的奖励。奖励可以是物质的，如一本孩子期待已久的漫画书，也可以是精神的，如给孩子一个大大的拥抱，并称赞他们的自律。这样可以激励孩子继续保持良好的时间管理习惯。

如果豆包提供的方法存在错误，或者不符合家庭实际，家长无法操作，可将家长的实际情况告知豆包，让它结合家长的实际情况给出更有针对性的方法。家长需要注意的是，虽然 AI 功能强大，但它提供的信息并非总是完全准确的。家长不能完全依赖 AI，需要对其提供的内容进行审核。

1.5 AI 时代，学生应具备哪些能力？

对学生而言，AI 在对他们学习方式的适应性提出挑战的同时，也为他们的个性化学习带来了更多的可能。因此，让学生学会合理地利用 AI，是当代教师需要思考的一个问题。那么，学生应具备哪些能力，才能更好地利用 AI 来提升自己呢？

下达指令的能力

就目前的生成式 AI 而言，其本质上是依赖于指令运作的工具，只有明确、具体的指令才能最大限度地发挥它们的效能。因此，学生必须学会如何清晰地表达需求。

例如，你是一位初二年级的学生，学习了"压强"这一章后，你对相关知识非常感兴趣，想要 AI 帮你提供一些相关的视频或科普文章，如果你的指令不清晰，输入"请帮我找一些压强有关的视频或科普文章"，AI 帮你找到的内容会缺乏针对性，见图 1-4。如果你将指令修改为"我是一名八年级学生，对八年级下册'压强'这一章很感兴趣，请帮我找一些和压强有关的视频或科普文章"，AI 帮你找到的内容便有了更强的针对性，见图 1-5。

请帮我找一些压强有关的视频会科普文章

这些是我帮你搜索到的视频。

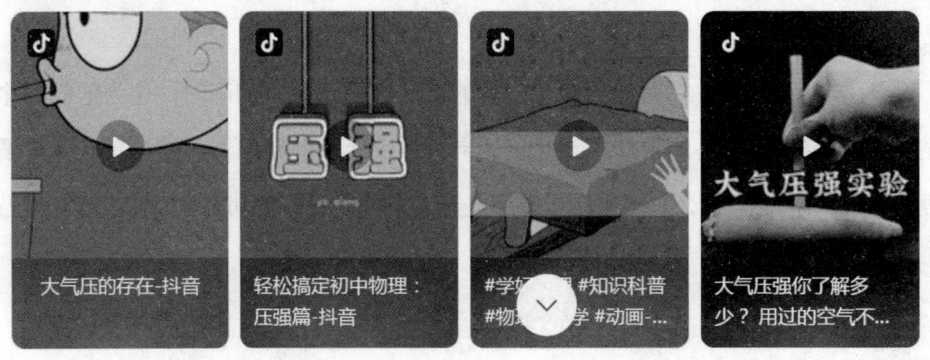

图 1-4　缺乏针对性的推荐

我是一名八年级学生，对八年级下册"压强"这一章很感兴趣，请帮我找一些和压强有关的视频或科普文章

这些是我帮你搜索到的视频。

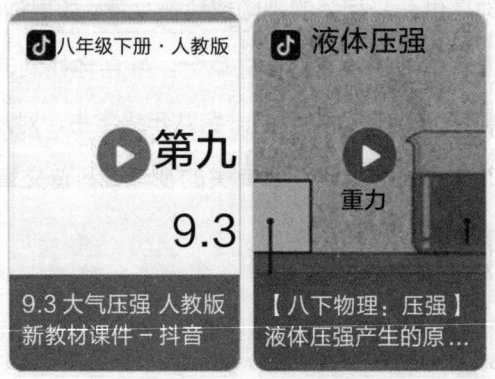

图 1-5　针对性较强的推荐

　　学习写指令的过程其实是一个不断试验、不断探索、不断总结的过程，学生一定要保持耐心，通过反复地提问，不断提升自己问问题，并将问题转换成明确指令的能力。

批判事物的能力

批判事物的能力在 AI 时代显得尤为重要。学生需要对 AI 提供的数据和结论保持审慎的态度，学会辨识信息的真伪、评估结果的可信度。不可否认，AI 的功能很强大，但并非万能，它也存在算法偏见、数据偏差等局限性。因此，面对 AI 生成的报告或数据分析结果，学生需要能够提出诸如"这些数据的来源是否可靠？""分析方法是否科学？""结果是否有其他可能的解释？"等问题。反之，如果学生不能保持独立思考和质疑的态度，不去审视 AI 的输出结果，而是一股脑地全部接受，最终导致丧失自己的思考能力，甚至沦为 AI 的附庸。

自我控制的能力

AI 技术的便捷性可能会让学生更加依赖于各种智能设备和应用，所以学生需要具有一定的自我控制能力，避免过度依赖。比如，学生在自主学习或做课后作业时，要控制自己使用 AI 的频率和方式，先尝试独立思考和解决问题，必要时再借助 AI 进行辅助。又如，学生用提供的学习游戏或互动模块学习知识时，不能沉迷其中而忽略了其他学习任务，他们需要合理安排时间，确保在规定的时间内完成各项学习内容。

适应新事物的能力

AI 技术在不断发展，新的算法、应用和功能会不断涌现。学生应具有开放的心态，乐于接受新知识、新技术，这样才能跟上时代的步伐。比如，当新的 AI 教育软件推出虚拟现实（VR）辅助学习功能时，学生要能够适应这种新的学习模式，积极探索如何利用 VR 技术更好地理解知识。

第 2 章

教师必备的 AI 工具

·
·
·

文心一言是什么？这个问题，我们不妨交给文心一言来回答。

> 问：简要介绍一下文心一言。
>
> 答：文心一言是百度基于其强大的文心大模型技术推出的一款生成式对话产品。它具备深度的自然语言理解和生成能力，能够与用户进行自然流畅的对话，并根据用户需求生成文本、图片、音频等多种形式的内容。文心一言以其高效、智能的特点，在多个应用场景中展现出广泛的应用潜力，为用户带来全新的交互体验。作为百度在 AI 领域的重要成果，文心一言的推出进一步推动了人工智能技术的发展和应用。

上述对话展现的就是文心一言的自然语言理解和生成能力。对于这种一问一答式的操作模式，想必很多人都有所了解了，无非就是你抛出一条指令，它给你一个回答。操作很简单，但很多时候，我们的指令抛出去了，得到的回答却无法令我们满意。大语言模型目前存在的局限性是一个方面，这一点我们无法改变，但另一个方面，即指令写得不好则是我们可以调整的。

那什么样的指令才算一个好的指令呢？文心一言在其使用手册中给出了一个基本格式，即参考信息＋动作＋目标＋要求，见图 2-1。

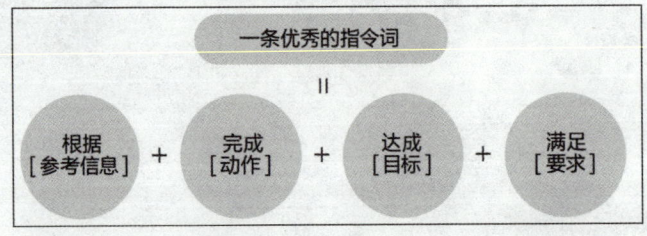

图 2-1　文心一言使用手册给出的指令的基本格式

　　针对指令的基本格式，文心一言还做了举例，方便用户更好地理解，见图 2-2。

　　请以唐代诗人的身份，在面对黄山云海时，根据已有唐诗数据，撰写一篇作者借由眼前景观感叹人生不得志的七言绝句，并严格满足七言绝句的格律要求。

| 要求 | | 参考信息 | 动作 |

请以唐代诗人的身份，在面对黄山云海时，根据已有唐诗数据，撰写一篇作者借由眼前景观感叹人生不得志的七言绝句，并严格满足七言绝句的格律要求。

目标

　　请以高中数学老师的身份，在高中课堂上，根据《高中数学必修一》内容，逐步解答学生关于集合的数学问题，并给出解题步骤及相关知识点。

| 要求 | | 参考信息 | 动作 |

请以高中数学老师的身份，在高中课堂上，根据《高中数学必修一》内容，逐步解答学生关于集合的数学问题，并给出解题步骤及相关知识点。

目标

图 2-2　文心一言使用手册中的举例

　　当然，这只是一种基本格式，用户不必局限在这个格式中，可以结合自己的需要进行调整，但无论怎样调整，好的指令都需要满足一个标准，那就是把需要 AI 为用户做的事情尽可能讲清楚。用户讲得越清楚，AI 理解得越精准，回答的内容也就越容易满足用户的需求。

一言百宝箱

　　如果用户前期不知道如何写出好的指令，文心一言为大家提供了"百宝箱"模块，见图 2-3。在这里，文心一言针对不同场景、职业设计好了相关的指令，用户可以结合自己的需要，选择相应的场景或职业，然后选择相应的指令。如果你是教师，可以选择"场景"一栏中的"教育培训"选项，还可以选择"职业"一栏中的"老师"选项，这里面有很多针对老师设计的指令。

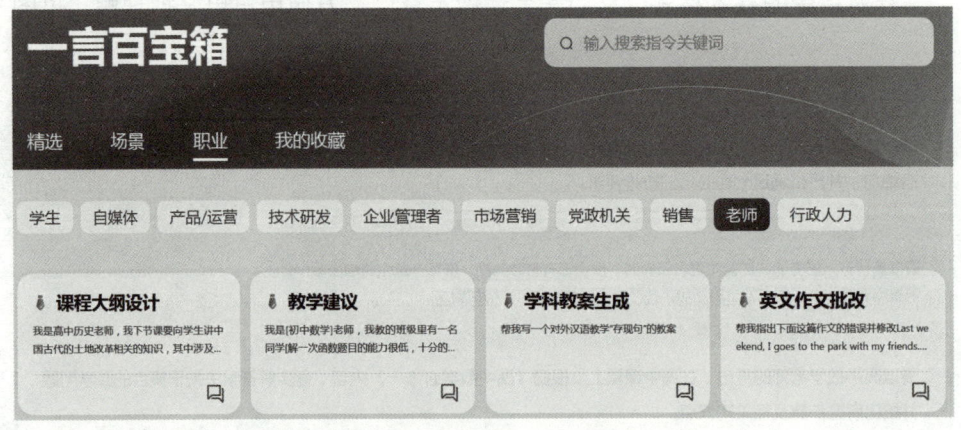

图 2-3　"一言百宝箱"界面

上传文件与图片

在文心一言的对话框中，用户还可以上传文件和图片，见图 2-4。

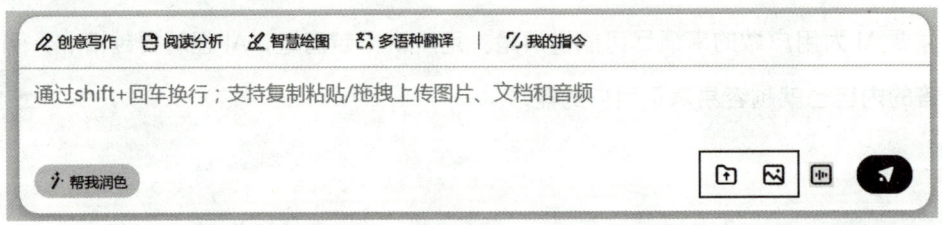

图 2-4　文心一言的对话框中上传文件和图片

图片只能上传一张，且最大不能超过 10 MB。上传图片后，可以让文心一言提取图片中的文字，也可以让文心一言对图片进行分析。

图 2-5 是清代的椿梅莳绘长方盒，我们将图片上传到文心一言，让它分析这个盒子体现的艺术美。

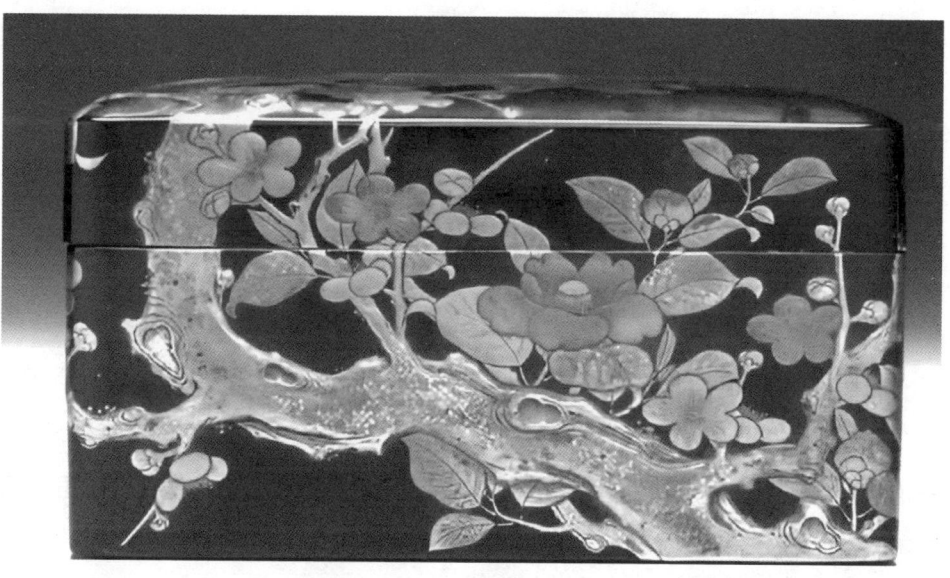

图2-5　椿梅莳绘长方盒（现藏于台北故宫博物院）

它给出的分析如下：

（1）色彩对比与和谐

盒子以黑色为底，金色和银色作为主要装饰色彩，这种色彩搭配既经典又高雅。黑色背景为图案提供了深邃的基底，使得金色和银色的花卉图案更加鲜明突出。同时，几朵大型的白色或淡蓝色花朵点缀其间，不仅打破了黑色的沉闷，还增添了一抹清新与雅致，形成了强烈的色彩对比与和谐共生的视觉效果。

（2）图案设计与工艺

盒子表面的图案设计精巧细腻，每一朵花、每一片叶子、每一根枝条都被精心雕琢，以流畅的线条勾勒出它们的形态与神韵。这种图案设计不仅展现了自然界的美丽与生机，还体现了匠人高超的技艺和对美的追求。通过精细的雕刻和描绘，图案中的花卉仿佛跃然于盒面之上，栩栩如生，令人叹为观止。

（3）材质与质感

作为一件漆器作品，这个盒子无疑在材质和质感上也下足了功夫。黑色漆面光滑如镜，反射出柔和而深邃的光泽，与金色和银色的装饰图案相得益彰。这种材质的选择不仅增强了盒子的美观性，还赋予了它一种独特的质感和触感，让人在欣赏之余也能感受到一种温润如玉的舒适体验。

（4）历史与文化的传承

从盒子的外观和工艺来看，它很可能是一件具有年代感的古董或艺术品。这意味着它不仅是一件单纯的装饰品或容器，更是承载着历史与文化传承的重要载体。通过这件作品，我们可以窥见古代工匠的智慧与才华，以及他们对美的独特理解和追求。同时，它也为我们提供了一个了解古代社会、文化和艺术的重要窗口。

文件支持 Word、PDF、TXT、Excel、PPT 等格式，最多可上传 10 个文件，单个文件最大 50 MB。上传文件后，可以让文心一言对文件中的内容进行分析、提炼等操作，帮助用户快速了解文件内容。用户可自行试验该功能，在这里我们就不做赘述了。

智能体广场

在文心一言主界面的左侧，有一个"智能体广场"模块，里面有很多智能体，见图 2-6。用户可以结合自己的需要选择相应的智能体。

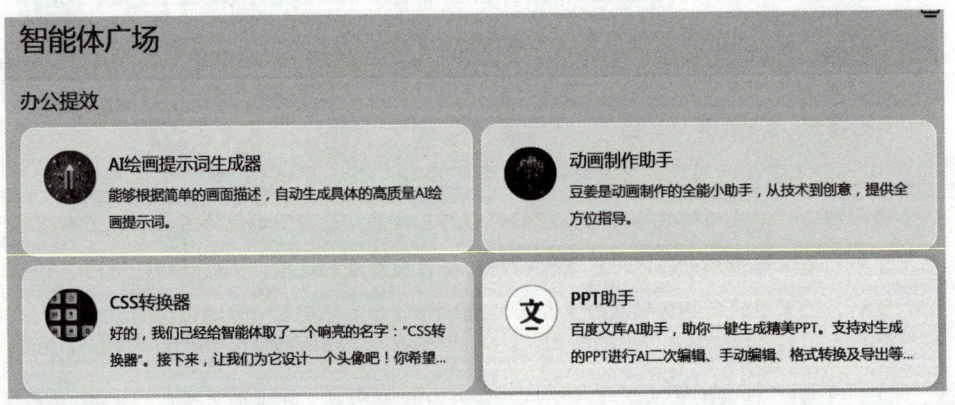

图 2-6 "智能体广场"界面

例如，教师需要给文本配一张主题为"美丽的春天"的图，但又不知道该如何描述这幅图时，便可以选择"AI 绘画提示词生成器"，让它生成几组提示词（图 2-7）。

AI绘画提示词生成器

能够根据简单的画面描述，自动生成具体的高质量AI绘画提示词。

图 2-7　"AI 绘画提示词生成器"智能体

在这个智能体的对话框，输入"美丽的春天"，文心一言给出的回答如下：

第一组提示词

主体：盛开的樱花林

视角：鸟瞰视角，樱花树错落有致地分布在画面中

距离：中景，展现樱花树的全貌与部分细节

情绪：宁静而喜悦

细节：粉色的樱花花瓣随风轻舞，草地上散落着花瓣，蜜蜂在花间穿梭

光线：柔和的春日阳光，从云层中洒下，形成斑驳的光影

风格：写实与印象派结合，色彩鲜艳而温暖

参数：分辨率 4K，细节丰富

第二组提示词

主体：春日田野与农夫

视角：平视视角，农夫站在田野中，背对着观众

距离：近景，聚焦于农夫与周围的田野

情绪：勤劳与希望

细节：绿油油的麦田随风起伏，农夫手持锄头，面带微笑望向远方

光线：侧光，阳光从农夫的侧面照射过来，形成明暗对比

风格：田园风光，色彩清新自然

参数：高饱和度，色彩对比适中

第三组提示词

主体：春日溪流与花朵

视角：低角度仰视，溪流从画面中穿过，两侧开满野花

距离：广角，展现溪流的全貌及两岸的风景

情绪：清新与宁静

细节：清澈的溪流中倒映着蓝天白云，野花色彩斑斓，蝴蝶在花间飞舞

光线：散射光，整个场景被柔和的光线所笼罩

风格：插画风格，色彩柔和而梦幻

参数：画面构图平衡，色彩渐变自然

　　文心一言给出的三组提示词不一定都符合要求，用户可以从中选择符合要求的一组到三组，然后回到文心一言的对话框，将上述提示词输入，让文心一言生成相应的场景。图 2-8 便是文心一言根据第三组提示词生成的场景。

图 2-8　"AI 绘画提示词生成器"智能体生成的场景

2.2　通义千问

通义千问是什么？我们同样把这个问题抛给它，让它来回答。

> 问：简要介绍一下通义千问。
>
> 答：通义千问是阿里云开发的一款大型语言模型，主要功能是生成与给定提示相关的高质量文本回复。作为一个 AI 助手，通义千问能够帮助用户进行创作辅助、信息查询、日常对话等多种语言交流任务。它通过深度学习技术训练而成，能够理解和生成自然语言，从而提供智能化的服务体验。
>
> 如果你有任何具体的问题或者需要帮助的地方，欢迎随时向我提问！

在通义千问的对话框也可以上传图片与文件，上传之后可以结合用户的需要对通义千问进行提问，见图 2-9。

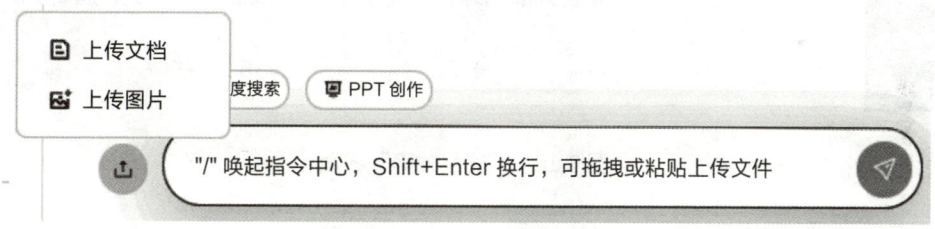

图 2-9　通义千问的对话框

例如，我们上传《高校本科课堂教学质量评价指标体系研究》这篇论文后，让它提炼这篇论文的核心观点，它给出的回答如下所述。

> 这篇论文的核心观点在于强调了高校本科课堂教学质量评价的重要性和必要性，并且探讨了如何构建一个科学合理的课堂教学质量评价指标体系。论文指出了当前高校本科课堂教学质量评价体系存在的问题，诸如评价目的定位不正确、评价目标分解不科学、评价标准不明确等，并提出了改进策略。具体而言，

论文提倡通过确立科学性、系统性、可测性、可行性、可比性、方向性和发展性等原则来改进评价体系，并通过专家咨询法、问卷调查法、层次分析法等方式来准确赋值评价指标的权重，确保评价体系的有效性和公正性。论文还提出了一套初步的高校本科课堂教学质量评价指标体系，并强调了评价体系在促进教学质量提升方面的作用。

在通义千问主界面的左侧，有一个"效率"选项，顾名思义，这里面的工具就是为了提高用户的办公和学习效率，见图 2-10。

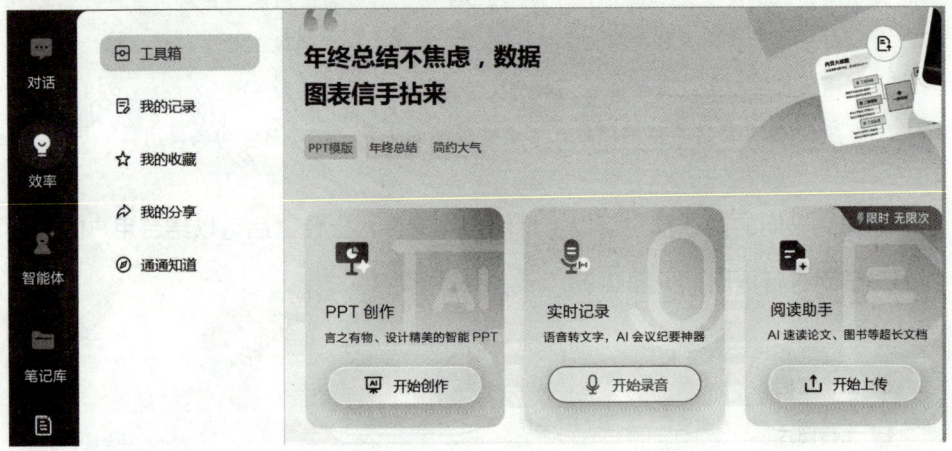

图 2-10 "通义效率"界面

通义实时记录

"实时记录"的功能是实时将语音转成文字，用户可以在会议、培训、公开课等需要进行记录的场合应用。音频语言有中文、英文、日语、粤语、中英文自由说 5 个选项，如果需要对音频语言进行翻译，用户可以在"翻译"选项中选择。如果该场合中的发言人有 2 人及以上，可以选择"智能区分"发言人，通义千问会自动识别不同的发言人。界面显示见图 2-11。

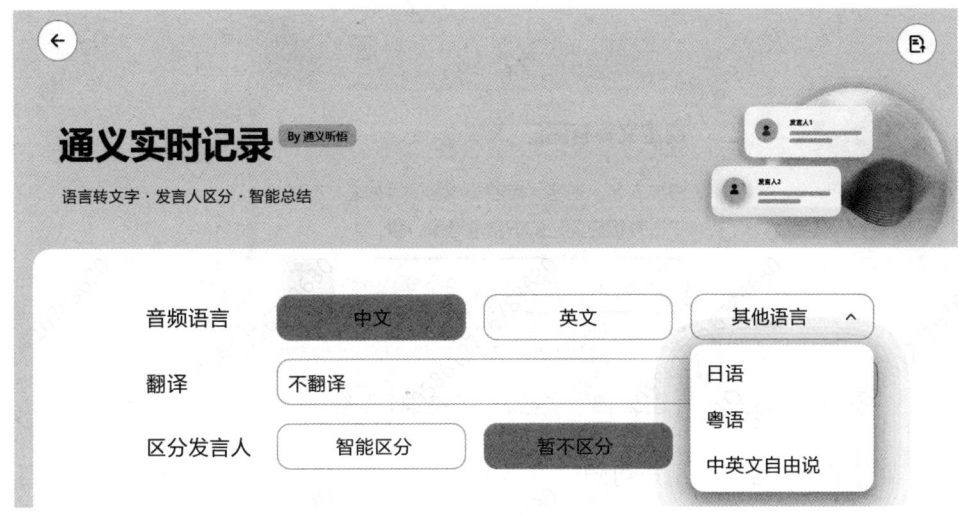

图 2-11　"通义实时记录"首页

设置好选项后，便可以点击"开始录音"，进入"实时记录"界面（图 2-12）。文字内容会跟随语音实时生成。软件的识别结果会出现错误，尤其识别人名、地名、专有名词时，更会出现错误，为了提高识别的准确率，用户可以在"自定义专有词汇"中输入这些词汇，见图 2-13。

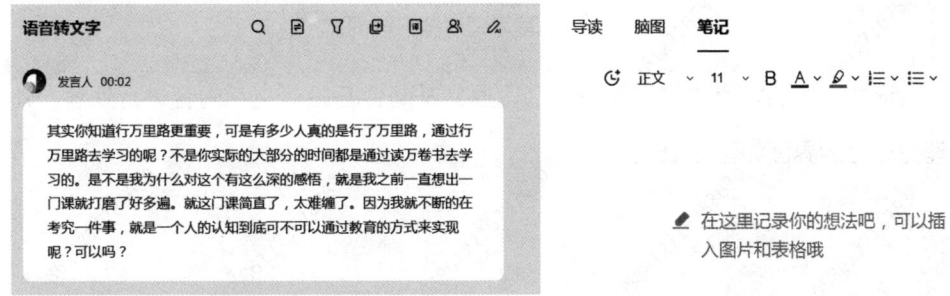

图 2-12　"实时记录"界面

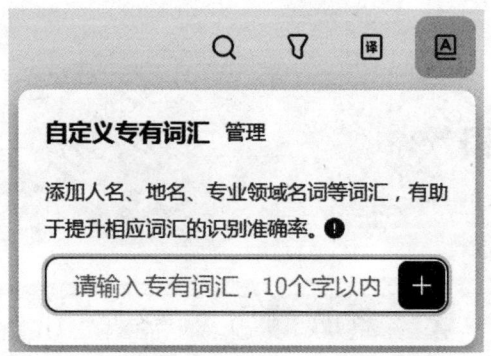

图 2-13　"自定义专有词汇"管理

实时记录过程中，用户可随时点击暂停，也可以在右侧的"笔记"栏记录自己的想法。记录想法时，可以插入时间戳，写下此时此刻的想法（图 2-14）。

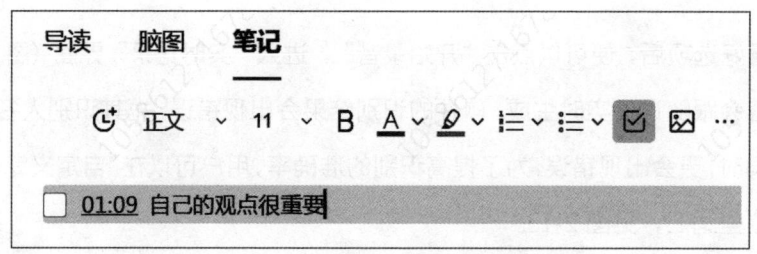

图 2-14　写笔记时插入时间戳

记录结束后，点击"结束录音"，通义千问会开始对文字内容进行处理，处理完成后的界面如图 2-15 所示。

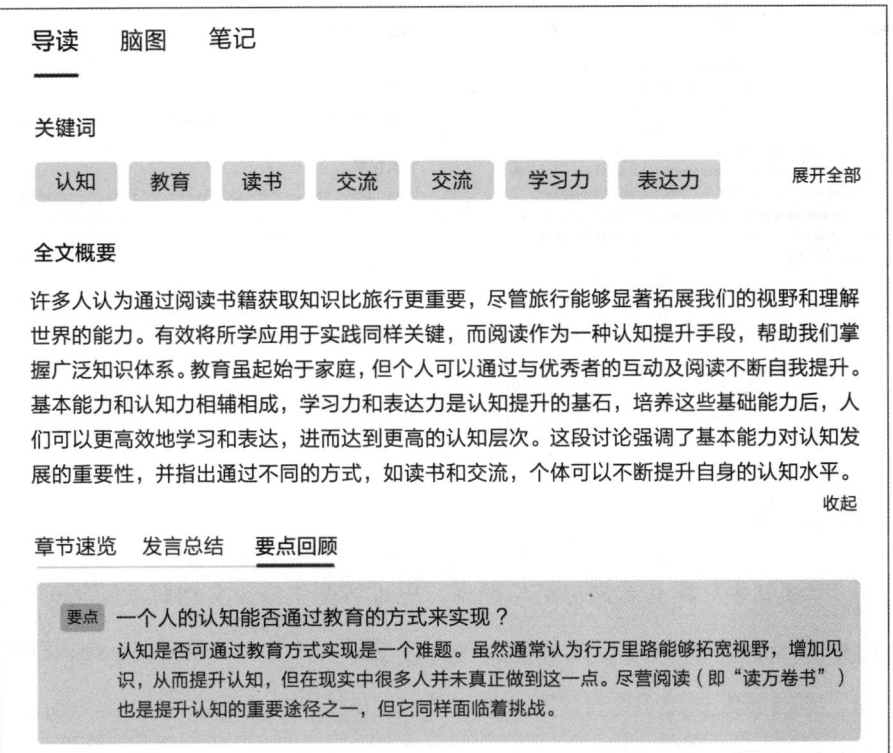

图 2-15　处理完成后界面

　　如果需要对转换后的文字内容进行翻译，可选择需要翻译成的语言（图 2-16）。比如，选择英语后，包括页面右侧的"关键词""全文概要"等处理后的内容，也都会转换成英文（图 2-17）。

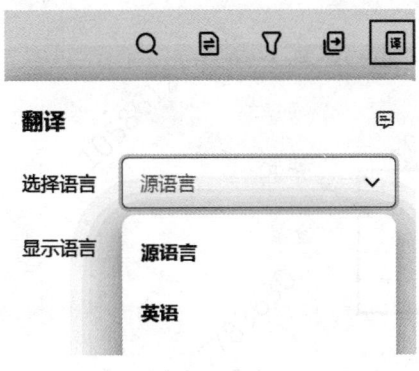

图 2-16　选择需要翻译成的语言

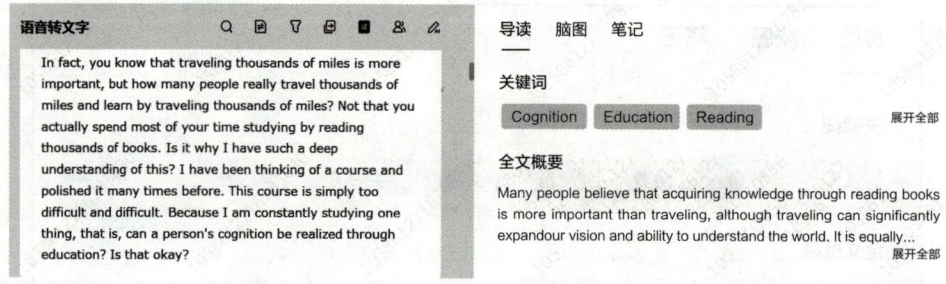

图 2-17　翻译成英语后的界面

通义阅读助手

"阅读助手"具有全文总结与翻译、思维导图生成、文档解读问答等功能。文档格式支持 PDF（含扫描件）、Word、图片、HTML、Markdown、EPUB、Mobi，文档最大支持 100 M，图片最大支持 20 M，文档页数（PDF、Word）最多支持 1000 页。

用户通过点击或拖拽的方式上传文件，文件上传成功后，点击文件名，即可进入操作页面，如图 2-18 所示。

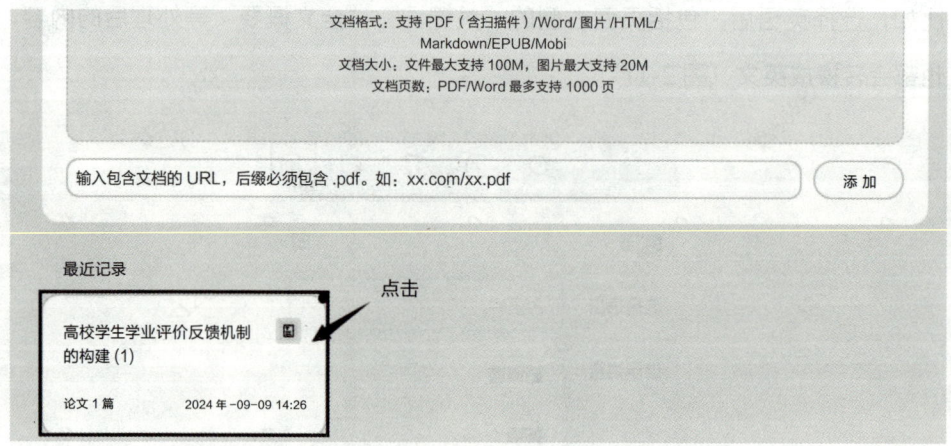

图 2-18　"通义阅读助手"界面

用户可根据自己的需要，选择"导读""翻译""脑图""笔记"等功能。操作界面见图 2-19。

导读　　翻译　　脑图　　笔记

全文摘要

本篇论文探讨了高校学生学业评价反馈机制的构建问题，并提出了一种基于反馈控制理论的构建方式。作者认为，高校学生学业评价反馈机制是提高高校教学质量的必要手段，但目前该机制存在反馈信息失真、片面和利用率低等问题。因此，作者建议构建一个闭合的回路动态系统，包括设计合理的学业评价指标体系、建立科学的学业质量评价机制、进行教学反馈和归因分析以及实施高等教育教学改革等环节。通过完善回路中的各个环节，可以有效地解决高校学生学业评价反馈机制的问题，提高高校教学质量。

图 2-19　"通义阅读助手"操作界面

用户还可以在下面的"智能问答"界面输入想问的问题，进入方式见图 2-20。通义千问会结合该文档的内容为你进行解答。如果用户不知道问什么，通义千问提供了一些灵感，如果对这些问题不满意，可以点击"换一批"，如图 2-21 所示。

导读　　翻译　　脑图　　笔记

全文摘要

本篇论文探讨了高校学生学业评价反馈机制的构建问题，并提出了一种基于反馈控制理论的构建方式。作者认为，高校学生学业评价反馈机制是提高高校教学质量的必要手段，但目前该机制存在反馈信息失真、片面和利用率低等问题。因此，作者建议构建一个闭合的回路动态系统，包括设计合理的学业评价指标体系、建立科学的学业质量评价机制、进行教学反馈和归因分析以及实施高等教育教学改革等环节。通过完善回路中的各个环节，可以有效地解决高校学生学业评价反馈机制的问题，提高高校教学质量。

论文速读

高校学生学业评价反馈机制的构建及其重要性

这一章节主要讲述了高校学生学业评价反馈机制的构建对于提高高校教学质量的必要性和重要性。然而目前我国高校的学生学业评价反馈机制还存在一些问题，如反馈信息失

为什么学生需要了解具体的学业评价状况？　　点击这里进入"智能问答界

图 2-20　"智能问答"界面进入方式

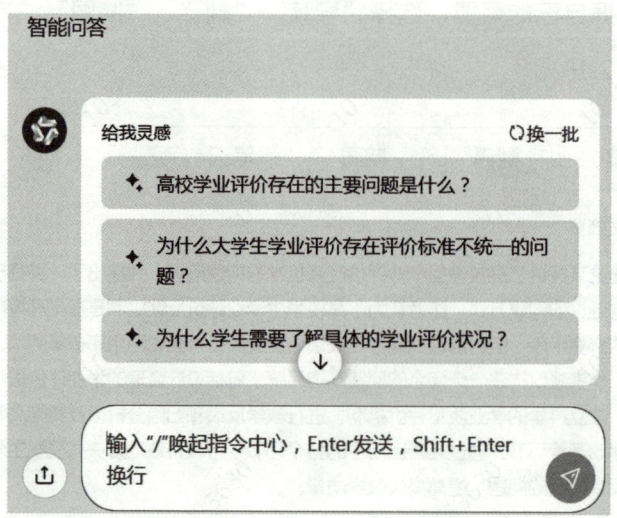

图 2-21　"智能问答"界面

通义 PPT 创作

"PPT 创作"具有"一句话主题生成 PPT""文件生成 PPT""长文本生成 PPT"等功能。如果用户有文件或文本，可直接上传，生成 PPT；如果用户没有文本，可以在对话框中直接输入主题，生成 PPT（图 2-22）。

图 2-22　"通义 PPT 创作"主界面

例如，面对刚刚升入七年级的学生，班主任可以以"初中生活启航"为主题开展一个演讲。班主任可以把"初中生活启航"这个主题发给通义千问，只需几秒钟，它就能生成一个大纲，见图 2-23。如果大纲不符合我们的要求，可以对其进行编辑，编辑完成后，点击"下一步"，选择相应的"模板"，最后点击"生成 PPT"，便能得到一份完整的 PPT 了，见图 2-24。生成 PPT 的过程中，通义千问会根据大纲填充内容，如果对内容不满意，用户可以进行修改，包括已经生成的模板，同样可以替换。

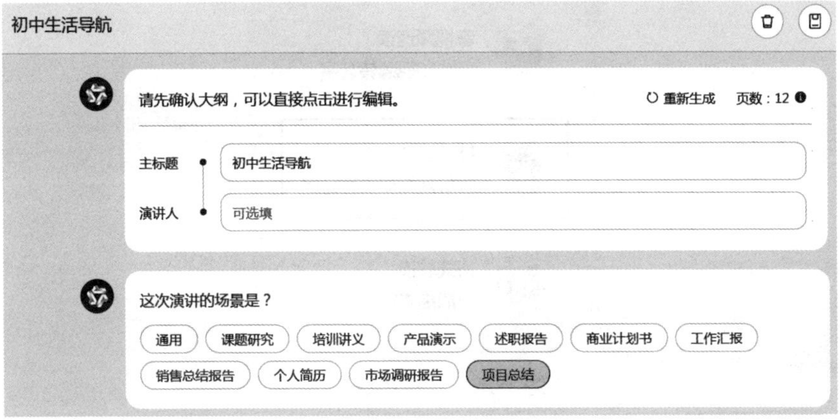

图 2-23 "初中生活启航" PPT 大纲（部分）

图 2-24 生成的 PPT（部分）

链接速读

用户可以通过"链接速读"快速获取网页上的文章与音视频的关键信息。点击"链接速读"（图 2-25）后，跳转到链接粘贴界面（图 2-26），用户将链接粘贴进去，点击确认即可。

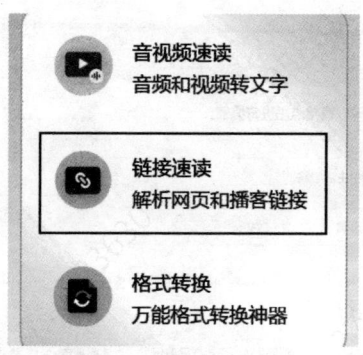

图 2-25 "链接速读"

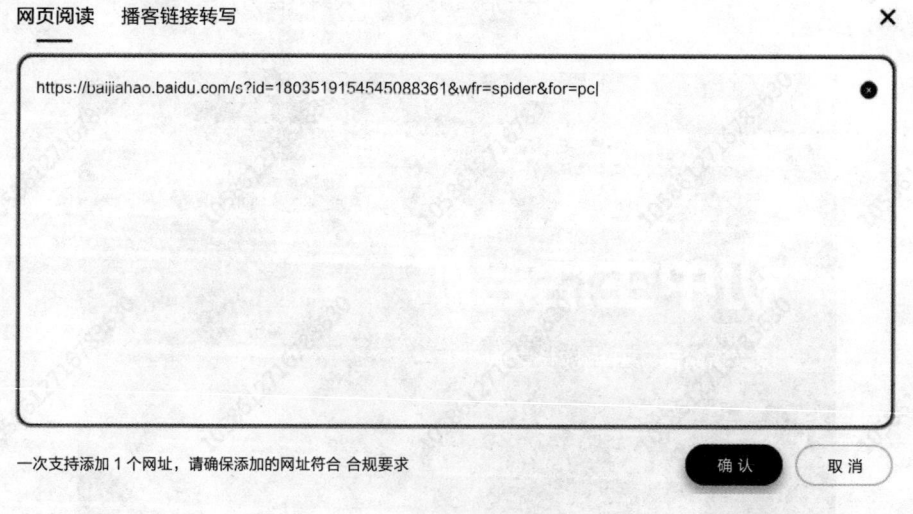

图 2-26 链接粘贴界面

该网页内的文章为《高校教师: 讲师、副教授、教授的专业发展阶段及其路径》，上传成功后，进入"链接速读"操作界面（图 2-27）。在该界面，用户可以看到该文章的概述和关键要点。通过这个界面可以发现，这个功能其实是基于"通义阅读助手"实现的，区别在于它可以识别网页上的内容和音视频内容。

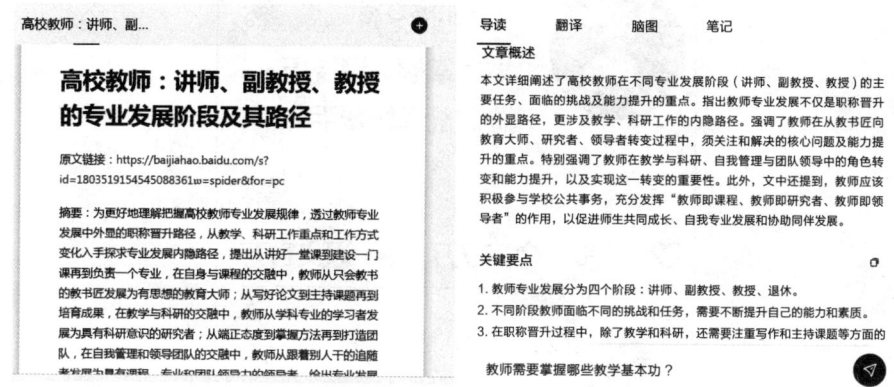

图 2-27　"链接速读"操作界面

智能体

通义千问也有"智能体"这个模块，里面有很多智能体，用户可以结合自己的需要进行选择（图 2-28）。

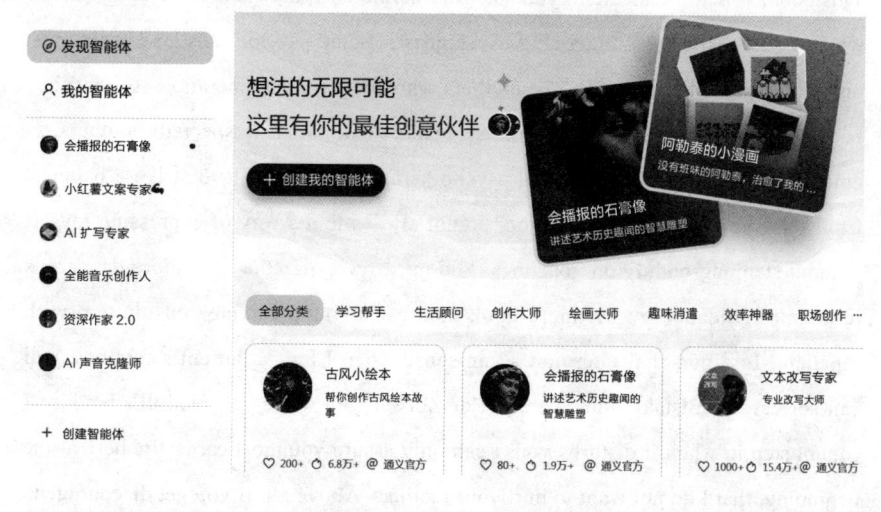

图 2-28　通义千问"智能体"主页

例如，教师需要阅读外文文献资料时，可以使用"AI 翻译专家"，见图 2-29。

图 2-29　"AI 翻译专家"

下面是美国著名心理学家鲁道夫·德雷克斯所著《父母：挑战》中的一段内容：

We talk a great deal about the problems which children present to their parents. Do you realize that it is you who are our real concern? Parenthood is a challenge to you; but you, as parents, are also a challenge to us. I say this, first, in my function as a psychiatrist. My greatest ordeal are parents who ask me to "cure their children." When I counsel them, I am torn between sympathy for them, because they are miserable and suffer, and indignation when I see what they are doing to their children. This book, which I dedicate to you and your heroic task, may reveal the ambivalence which I share with most practicing psychiatrists. Some psychiatrists go to extremes: one blames with blasting fury the mothers who spoil whole generations so that they become unfit for social living; the other regards most parents, especially mothers, as emotionally sick people who need psychotherapy. It is difficult to strike a balance. I must ask your forgiveness if I, too, do not always find a way of expressing myself without stepping unduly on your toes. You must recognize that it is more dangerous to attempt guidance by writing a book than by having a private consultation with a patient. In a personal interview I can sense when I hurt a patient's feelings, and can correct my mistake immediately. I do not see you while you read this book, so I cannot step in when it disturbs you. I can only assure you, most earnestly, here at the beginning, that I do not want to hurt your feelings. Above all, if you get discouraged by reading this book, then it would have been better if it had never been written. No benefit can be gained by causing discouragement.

"AI 翻译专家"翻译后的内容如下:

我们经常讨论孩子们给父母带来的问题。你意识到了吗？其实你们才是我们真正关心的对象。为人父母对你们来说是一项挑战；但作为父母的你们，对我们来说也是一种挑战。首先，我作为一名精神科医生这样说，我最大的考验来自那些要求我"治好他们孩子"的父母们。当我给他们提建议时，我内心充满了矛盾：一方面对他们感到同情，因为他们很痛苦；另一方面又对他们对待孩子的方式感到愤怒。这本书献给你们及你们所承担的伟大使命，可能会揭示出我和大多数执业精神科医生共同持有的这种矛盾心理。有些精神科医生走向了极端：一种是严厉谴责那些溺爱孩子的母亲，认为她们让整个一代人都变得无法适应社会生活；另一种则认为大多数父母，特别是母亲，是情感上有疾病的人，需要接受心理治疗。要在这两者之间找到平衡很难。如果我在表达自己的观点时，有时措辞不当冒犯到你们，请原谅我。你们必须认识到，通过写书来进行指导比与病人私下交谈更危险。在个人访谈中，我可以感觉到什么时候伤害到了病人的感情，并立即纠正我的错误。而在你们阅读这本书的时候，我看不到你们的反应，因此无法及时介入。我只能在这里诚挚地向你们保证，我不想伤害你们的感情。最重要的是，如果读了这本书让你感到气馁，那么这本书还不如不写。因为如果让人感到沮丧，那将没有任何益处。

图片生成

如果教师需要生成图片，可以回到通义千问首页的对话框，直接输入需要生成的图片内容。比如，让它以"美丽的春天"为主题生成一张图片，得到图 2-30。需要注意的是，当给出的指令比较简单时，可能无法一次就得到想要的图片，用户可以多尝试几次，或者结合自己的需要，把指令描述得更清晰。

图 2-30　以"美丽的春天"为主题生成的图片

2.3 Kimi

关于 Kimi 的介绍，我们让它自己来回答。

问：简要介绍一下 Kimi。

答：嗨，我是 Kimi，你的人工智能助手。我擅长中英文对话，能够阅读和理解你发送的各种文件，还能上网搜索信息来帮助你。如果你有问题或需要帮助，尽管问我吧！别忘了，我可是个聊天高手哦。

除了基本的对话功能外，Kimi 和文心一言、通义千问等 AI 工具一样，都能处理各种文件，文件支持的格式、数量、大小见图 2-31。

图 2-31　支持上传文件的格式、数量、大小

除用户和 Kimi 对话时，可以选择打开或关闭联网功能，如果打开"联网搜索"功能，Kimi 会在有需要时通过互联网搜索相关资料（图 2-32）。

图 2-32　对话框中的"联网搜索"功能

Kimi 的基础功能和文心一言、通义千问等 AI 工具相似，所以在这里我们就不做赘述了，只重点介绍"Kimi+"模块（图 2-33）中的"长文生成器"和"学术搜索"两个功能。

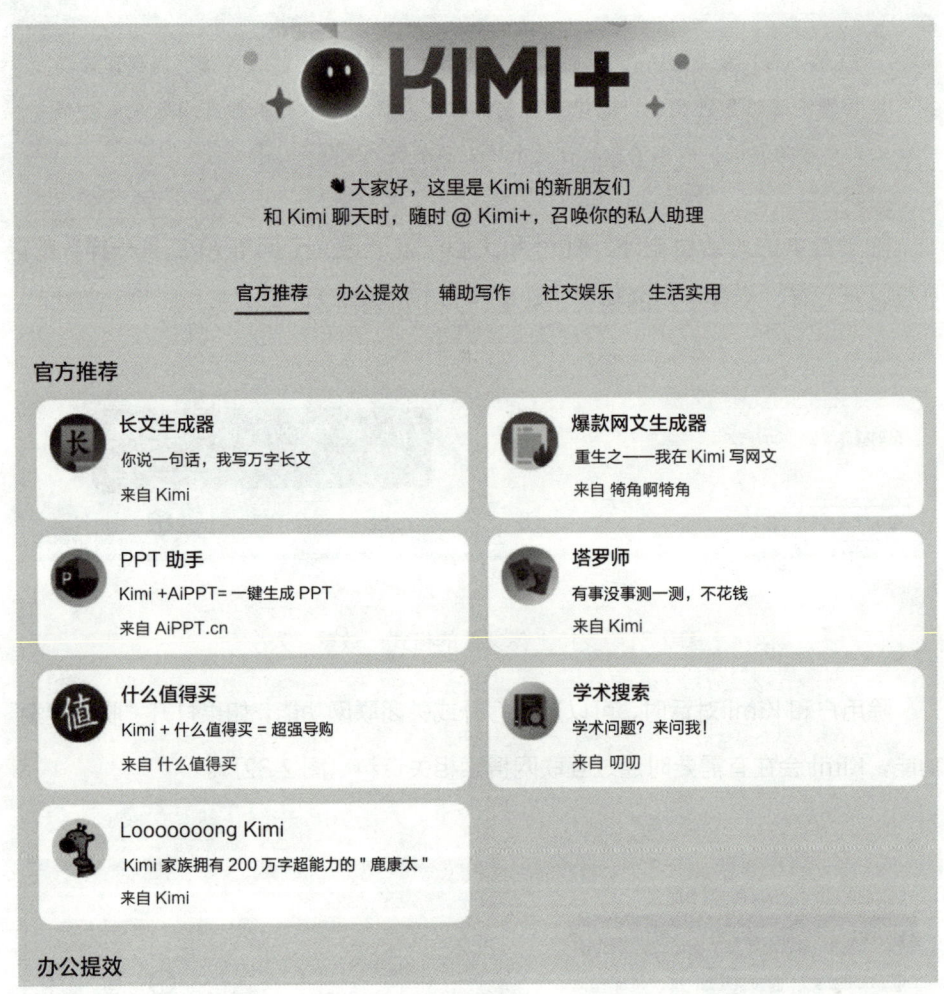

图 2-33 "Kimi+"模块的主页

长文生成器

"长文生成器"给出的介绍是"你说一句话，我写万字长文"。在这里，我们便对它的这项能力进行一下试验（图 2-34）。

长文生成器

你说一句话，我写万字长文

来自 Kimi

图 2-34　"长文生成器"

笔者在对话框输入了一句话：教师的专业发展。一两分钟后，Kimi 给出了它的回答。

答：

（1）教师专业发展的定义与重要性

①专业发展的概念

教师专业发展是指教师在职业生涯中，通过持续学习和实践，不断提升自身的专业知识、教学技能和教育素养的过程。这一过程涉及教师对教育理论的深入理解、教学方法的创新应用、学科知识的不断更新及教育技术的熟练掌握。教师专业发展不仅包括个人层面的成长，也包括与同行的合作交流、对教育实践的反思和批判性思考。

②专业发展对教育质量的影响

教师专业发展对提升教育质量具有决定性作用。首先，专业发展能够增强教师的教学能力，使他们能够更有效地传授知识和激发学生的学习兴趣。根据教育部的数据，参与专业发展活动的教师，其教学效果比未参与的教师提高约20%。其次，专业发展有助于教师更新教育观念，实施以学生为中心的教学策略，从而提高学生的学习动机和参与度。此外，教师的专业发展还能够促进教育创新，教师通过学习和实践新的教育理念和技术，能够为学生提供更多元化和个性化的学习体验。

（2）教师专业发展的阶段

①职前教育

教师的职前教育是其专业发展的基础阶段，主要在师范院校中进行。在这一阶段，教师接受教育理念、教学方法、学科知识等基础教育，为未来的教学工作打下坚实的基础。

教育课程：职前教育课程通常包括教育学、心理学、学科教学法等，以确保教师具备基本的教育理论知识和教学技能。

实习经验：职前教育阶段的重要一环是教育实习，通过在真实课堂环境中的实践，教师能够将理论知识与教学实践相结合，提升教学能力。

教师资格：完成职前教育后，教师须通过教师资格考试，获得教师资格证书，这是成为合格教师的必备条件。

②职后培训

职后培训是教师专业发展的关键阶段，通过持续地学习和培训，教师能够不断提升自身的教学技能和教育水平。

培训内容：职后培训内容广泛，包括新教育理念的学习、教学方法的创新、教育技术的运用等，以适应教育发展的新要求。

培训形式：职后培训形式多样，如研讨会、工作坊、在线课程等，教师可以根据自己的需求和兴趣选择合适的培训方式。

培训效果：职后培训的效果体现在教师教学能力的提高和学生学习成效的提升上，通过培训，教师能够更好地满足学生的学习需求。

③持续专业发展

持续专业发展是教师职业生涯的全程要求，教师需要不断学习新知识、新技能，以适应教育改革和学生需求的变化。

终身学习：教师应树立终身学习的理念，通过阅读、研究、交流等方式，不断更新自己的教育知识和教学方法。

专业发展计划：教师应制订个人专业发展计划，明确自己的发展目标和路径，有针对性地进行学习和培训。

职业成长：持续专业发展有助于教师的职业成长，通过不断学习和实践，教师能够提升自己的教育教学水平，实现职业发展和个人成长。

（3）教师专业发展的策略与方法

①专业培训与研讨会

教师的专业发展在很大程度上依赖于持续的专业培训和参与学术研讨会。根据相关研究，超过80%的教师认为专业培训对于提升教学质量至关重要。专业培训不仅包括教育理论的学习，还涉及最新的教学方法和技术的应用。

培训内容：专业培训通常涵盖教育心理学、课程与教学论、教育技术学等核心领域，以及特定学科的教学法和学科知识更新。

培训效果：研究表明，参与专业培训的教师在教学实践中表现出更多的自信和更高的创新能力，学生满意度也相应提高。

研讨会参与：教师通过参与研讨会，能够与同行交流经验，获取最新的教育研究成果，从而不断更新自己的教学理念和方法。

②教学实践与反思

教学实践与反思是教师专业成长的重要途径。通过实践，教师能够将理论知识转化为实际操作技能，并通过反思来提升教学效果。

实践方式：教师可以通过课堂观察、教学实验、案例分析等多种方式进行教学实践。

反思机制：建立定期的教学反思机制，鼓励教师记录教学日志，分析教学中的成功与不足，探索改进策略。

反思深度：反思不应仅限于教学技巧，还应涉及教学理念、学生学习需求、课程内容等更深层次的问题。

3.3 教育研究与学术发表

教育研究和学术发表能够促进教师深入思考教育问题，提升研究能力和学术影响力。

研究主题：教师可以根据自身兴趣和教学实践，选择教育心理学、课程设计、教学方法、教育技术等研究主题。

研究成果：鼓励教师将研究成果撰写成论文，并在学术期刊或会议上发表，以分享自己的见解和发现。

发表平台：教师可以通过《教育研究》等权威教育期刊，以及各类教育学术会议，发布自己的研究成果，与更广泛的学术社群交流。

（4）教师专业发展的支持体系

①政策与法规支持

教师专业发展的政策法规支持是确保教师队伍质量的关键因素。

政策背景：近年来，中国政府出台了一系列政策，如《新时代基础教育强师计划》和《关于全面深化新时代教师队伍建设改革的意见》，旨在提升教师专业发展水平。

法规实施：《中华人民共和国教师法》和《教师资格条例》等法规为教师资格认定、培训、考核等提供了法律依据，确保了教师专业发展的规范化和制度化。

政策效果：据统计，超过 90% 的教师表示政策支持对他们的专业成长有积极影响，其中包括教师培训机会的增加和专业发展路径的明确化。

②教育机构与资源

教育机构和资源是教师专业发展的重要支撑。

师范院校：作为教师培养的主要基地，师范院校提供了系统的教育理论和实践培训。据统计，每年有超过 50 万名师范生毕业，为教师队伍注入新鲜血液。

教师培训机构：各级教师培训机构通过提供在职培训和继续教育，帮助教师更新知识、提升技能。据统计，每年有超过 200 万名教师参与各类培训项目。

数字资源：随着信息技术的发展，数字化教育资源如在线课程、教育平台等为教师提供了便捷的学习途径，据统计，超过 80% 的教师利用数字化资源进行自我提升。

③教师社群与网络

教师社群和网络为教师提供了交流和合作的平台，促进了教师的专业成长。

专业学习社群：教师通过参与专业学习社群，如教研组、名师工作室等，进行知识分享和经验交流。据统计，参与社群的教师在教学方法和学生成绩上均有显著提升。

网络社群：教师利用社交媒体、专业论坛等网络社群，进行跨区域、跨学科的交流合作。据统计，超过 70% 的教师表示网络社群对他们的专业发展有积极作用。

社群活动：教师社群定期组织研讨会、工作坊等活动，为教师提供实践指导和专业支持，这些活动被证明能有效提升教师的教学能力和研究水平。

（5）教师专业发展中的挑战与机遇

①技术变革对教师角色的影响

随着教育技术的快速发展，教师角色正经历着前所未有的变革。技术不仅改变了教师传授知识的方式，也对教师的专业能力提出了新的要求。

技术辅助教学：现代教育技术如智能课堂、在线教育平台等，使得教师能够更加高效地管理课堂和评估学生学习成果。据统计，使用教育技术的教师能够将课堂管理时间减少约 20%，从而有更多时间专注于教学内容的深化和个性化指导。

知识更新速度加快：信息技术的发展使得知识更新速度加快，教师需要不断学习新知识以保持教学内容的时效性。一项针对教师继续教育的调查显示，超过 80% 的教师认为定期的技术培训对他们的专业发展至关重要。

个性化教学需求：技术的发展使得个性化教学成为可能。教师可以通过数据分析工具来跟踪学生的学习进度，为每个学生提供定制化的学习计划。一项研究发现，使用个性化教学策略的学生，其学习成效提高了约 15%。

②国际化教育趋势与教师角色适应

在全球化背景下，教育的国际化趋势对教师提出了新的挑战和机遇。

跨文化交流能力：教师需要具备跨文化交流的能力，以适应日益多元化的学生群体。据统计，约 60% 的国际学校教师表示，他们的学生来自超过 50 个国家，这对教师的文化适应能力和沟通技巧提出了更高要求。

国际视野：教师需要具备国际视野，理解全球教育趋势和多元文化背景。一项针对国际化教育的调查表明，具有国际视野的教师更能够激发学生对全球问题的兴趣和关注。

语言能力：随着国际学生的增加，教师的语言能力变得尤为重要。一项研究发现，能够使用多种语言进行教学的教师，其学生的语言学习成效提高了约 20%。

③教师职业倦怠与应对策略

教师职业倦怠是一个普遍存在的问题，对教师的身心健康和教学质量都有严重影响。

工作压力：教师面临的工作压力是导致职业倦怠的主要原因之一。一项研究发现，超过 70% 的教师表示他们经常感到工作压力过大。

应对策略：为了应对职业倦怠，教师可以采取多种策略，如时间管理、寻求同事支持、参与专业发展活动等。一项针对教师职业倦怠的干预研究显示，参与专业发展活动的教师，其职业满意度提高了约 30%。

政策支持：学校和教育管理部门也应该提供支持，如减少教师的非教学任务、提供心理健康服务等。一项政策分析指出，提供心理健康服务的学校，其教师的职业倦怠水平显著低于平均水平。

（6）总结

教师的专业发展是一个全面且持续的过程，涉及教师在专业理念、专业知识、专业能力和专业态度等多个方面的提升。通过对教师专业发展的深入研究，我们可以得出以下结论：

教师专业发展的核心在于教师个体的持续学习和成长，这不仅包括专业知识的更新和教学技能的提升，也涵盖了教师对教育价值和目标的深入理解。

> 　　教师专业发展的路径是多样化的，包括但不限于终身学习、行动研究、教学反思、同伴互助和专业引领等。这些路径相互补充，共同促进教师的专业成长。
>
> 　　教师专业发展的环境因素同样重要，包括学校文化、教育政策、社会期望等，这些因素共同构成了教师专业发展的支持系统。
>
> 　　教师专业发展的最终目标是提高教育质量，促进学生全面发展，实现教师自身的职业满足和个人成长。
>
> 　　教师专业发展是一个长期且复杂的过程，需要教师个人、学校、教育行政部门和社会各界的共同努力和支持。通过持续的专业发展，教师能够不断提升自己的专业水平，更好地适应教育改革的要求，满足学生和社会的期待。

这篇针对"教师的专业发展"生成的长文约 4000 字，虽然没有达到万字，但框架还算完整，教师可以针对每一点让 Kimi 继续进行拓展或者自己进行拓展。需要注意的是，上文呈现的是 Kimi 生成的原文，笔者没有做任何改动，旨在让大家看到 Kimi 生成长文的能力。在实际应用中，Kimi（包括其他 AI 工具）生成的内容可能需要手动编辑和整合，还有一些数据也需要去核实，以确保文章的质量。

学术搜索

学术搜索的介绍是"学术问题？来问我！"，见图 2-35。

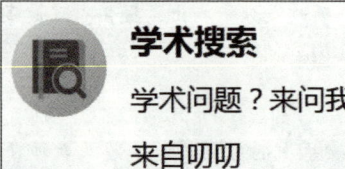

学术搜索
学术问题？来问我！
来自叨叨

图 2-35　"学术搜索"

在"学术搜索"界面的对话框中，用户可以打开"联网搜索"功能，然后输入自己想了解的学术问题，见图 2-36。

图 2-36　对话框的"联网搜索"功能

　　比如，笔者输入"人工智能在教育中的应用现状"后，Kimi 共检索了 29 个网页，随后给出了它的回答，见图 2-37。页面左侧是生成的内容，右侧是这些回答的出处，用户可以从这里找到原文，查看原文的内容，同时确认信息源的真实性。

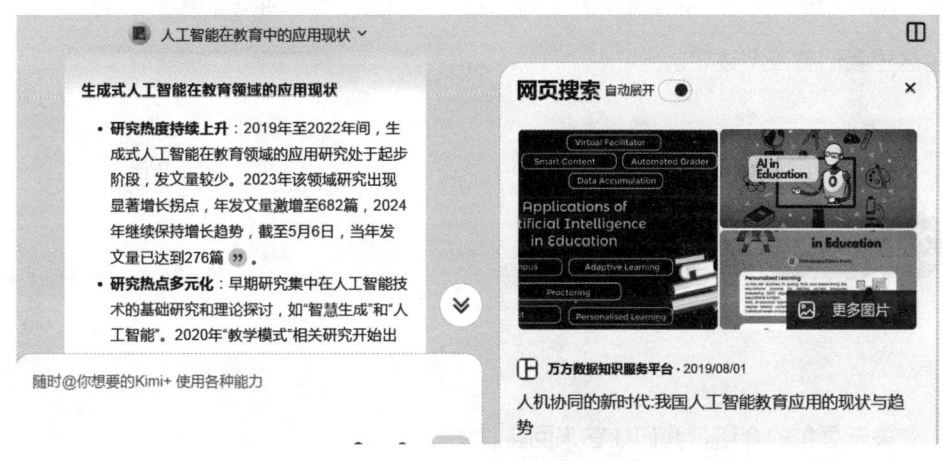

图 2-37　"学术搜索"的回答界面

　　用户可以将 Kimi 检索到的 29 个网页展开，查看这 29 个网页里的文章，见图 2-38。

已阅读 29 个网页

全球教育智能化发展报告 | 德勤中国 | 科技、传媒和电信行业 [Deloitte]

The Impact of Artificial Intelligence on Learning, Teachin... [IDEAS/RePEc] [2018-12-03]

Towards artificial intelligence-based assessment systems [Nature] [2017-03-01]

Preface for the Special Issue on A-Supported Education in C... [Springer] [2016-11-23]

Towards Emotionally Aware AI Smart Classroom: Current Issues and D... [IEEE Xplore]

Current status, opportunities and challenges of augment... [ScienceDirect] [2013-03-01]

智能导师系统研究进展与发展趋势 [万方数据知识服务平台] [2023-11-15]

Evolution and Revolution in Artificial Intelligence in Education [Springer] [2016-02-22]

AI and education: the importance of teacher and student rel... [Springer] [2017-02-04]

Exploring the impact of artificial intelligence on teach... [Springeropen.com] [2017-11-23]

[1807.00154] AI in Education needs interpretable machine learning: Les... [arXiv.org]

The Roles of Artificial Intelligence in Education: Current .... [www.imanagerpublications.com]

人工智能应用于教育的新进展 -【维普期刊官网】- 中文期刊 [维普期刊]

人工智能教育应用的新发展 -【维普期刊官网】- 中文期刊 [维普期刊]

人工智能教育应用的现状分析、典型特征与发展趋势 [维普期刊]

我国人工智能教育研究进展与展望 -【维普期刊官网】- 中文... [维普网]

图 2-38　29 个网页展开后的部分链接

　　Kimi+ 里的其他功能，如 PPT 助手、提示词专家、翻译通等，用户可自行试验，在这里我们就不赘述了。

2.4　豆包

　　关于豆包的介绍，我们让它来回答。

> 　　问：简要介绍一下豆包。
>
> 　　答：我是豆包呀，一个能够为你解答各种问题、进行主题创作的智能助手呢。无论你提出知识类问题，还是有文案创作等需求，我都会尽力给出专业且全面的回复。我可以从不同角度分析问题，突出关键信息，以结构化的方式呈现答案。我会用清晰易懂的语言与你交流，帮助你获取所需的知识和创意灵感。无论是学习、工作还是生活中的困惑，都可以来找我哦。

打开豆包主页，用户便可以看到豆包的诸多功能，包括"AI 搜索""帮我写作""图像生成""音乐生成"等，见图 2-39。有些功能在介绍前面几种 AI 工具时已经介绍过了，但由于豆包的操作存在一些差异性，所以遇到这些存在差异性的地方，我们同样会进行介绍。

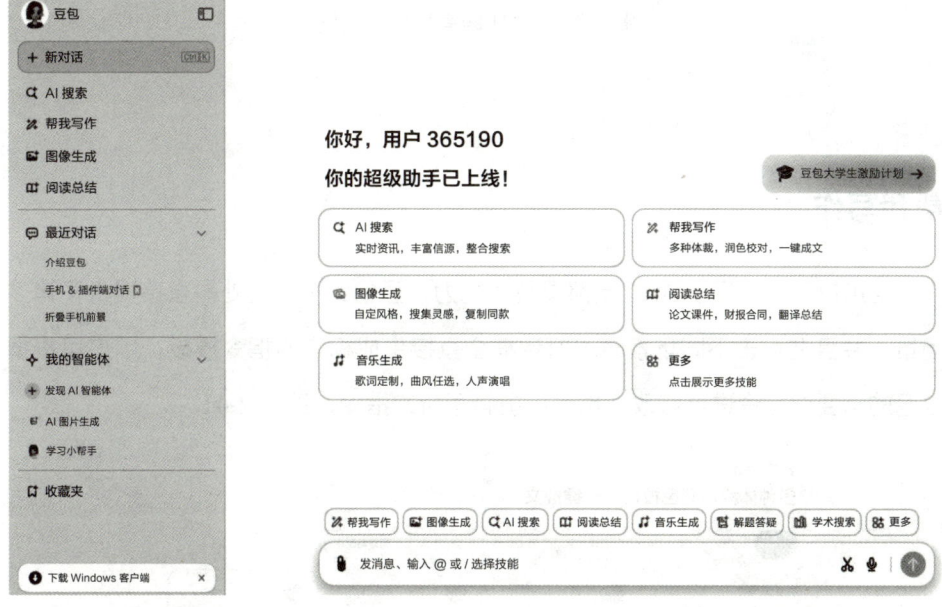

图 2-39　豆包的主页

AI 搜索

这是豆包为用户提供的一项智能搜索功能，用户输入关键词或问题后，它会利用其知识库和算法，快速检索并整合相关的信息，为用户提供准确、全面的搜索结果。与传统搜索引擎不同的是，它能更好地理解用户的自然语言提问意图，并以更智能的方式呈现答案，从而减少用户筛选信息的时间和精力。使用这项功能时，用户可以打开"深入搜索"选项，豆包便可以对更多网页进行深入的搜索，从而提供更加全面且个性化的答案，见图 2-40。

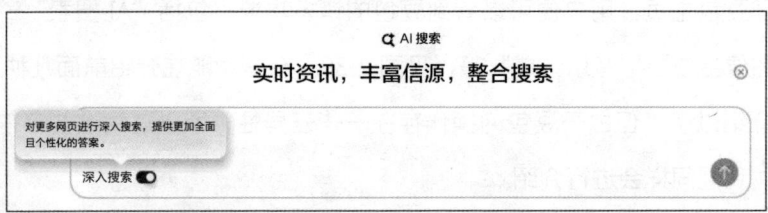

图 2-40 "AI 搜索"的对话框

帮我写作

帮用户写作是很多 AI 工具都具备的能力，豆包的不同之处是直接提供了诸多场景，并且在点击不同场景时，对话框会直接生成相应的指令模板，用户可根据自己的需要对指令进行修改，也可以重新写新的指令，见图 2-41。

图 2-41 写作场景及指令

图像生成

图像生成同样是很多 AI 工具都具备的能力。用户可以直接在豆包主页的对话框输入要生成的图片的指令，也可以点击"图像生成"模块，根据需要选择图片风格、图片比例，还可以添加参考图，见图 2-42。

图 2-42　"图像生成"主页

音乐生成

进入"音乐生成"主页，用户可以看到平台提供的一些模板（图 2-43），用户可以选择这些模板，让豆包制作同款音乐。

图 2-43　平台提供的模板（部分）

选择模板后，对话框会出现一个指令模板（图2-44），用户可以选择音乐风格（图2-45）、要传达的情绪（图2-46）、音色（图2-47）。

图 2-44　指令模板

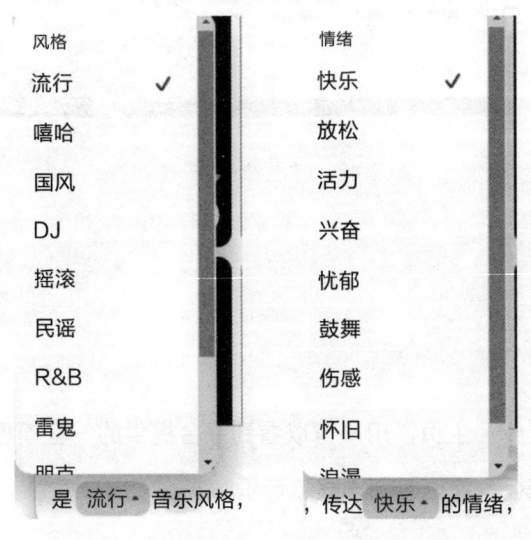

图 2-45　音乐风格图　　图 2-46　要传达的情绪

图 2-47　音色

需要注意的是，如果用户选择做模板的同款，歌词模式默认为"自定义歌词"（即模板的歌词），如果用户选择"AI 帮我写歌词"，提前选定的模板会被去掉，如图 2-48 所示。

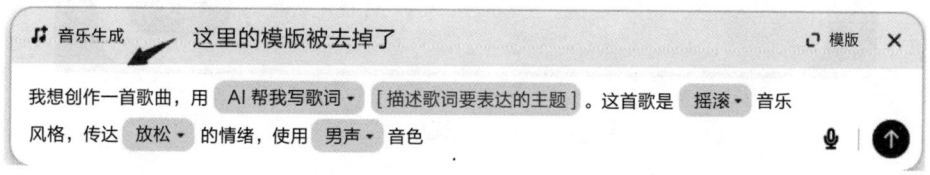

图 2-48　选择"AI 帮我写歌词"后，提前选定的模板被去掉了

当然，用户可以不选择模板，这时，选择"自定义歌词"模式，会弹出一个界面（图 2-49），用户将提前准备好的歌词输入进去（字数上限是 200 字），点击"确认"，上传歌词，然后选择歌曲风格、要传达的情绪、音色，点击"发送"。不到 1 分钟，豆包便可以生成三段音乐，如图 2-50 所示。

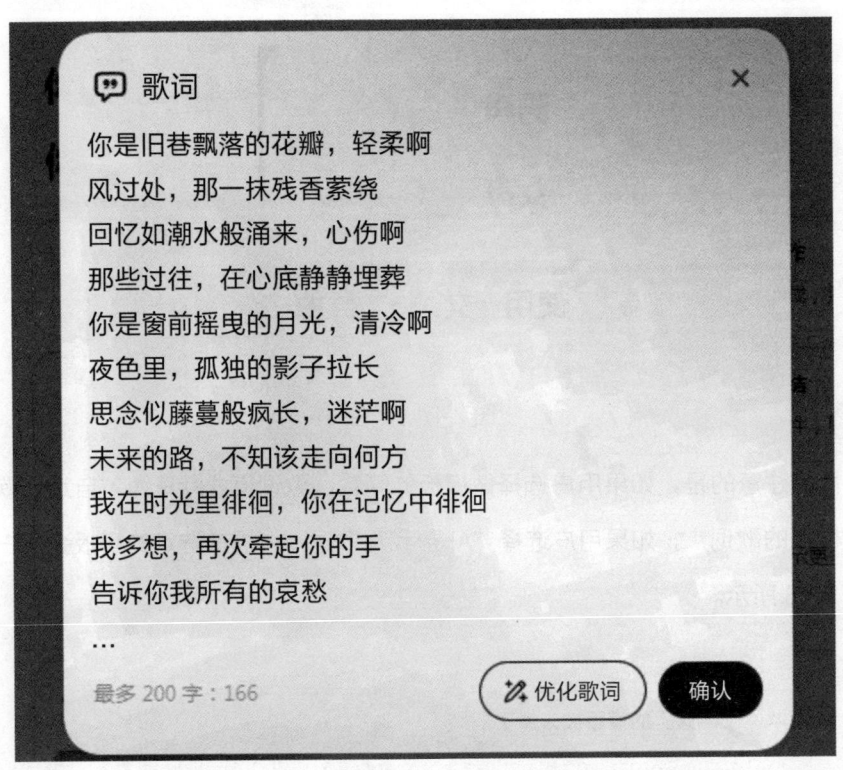

图 2-49 "自定义歌词"模式

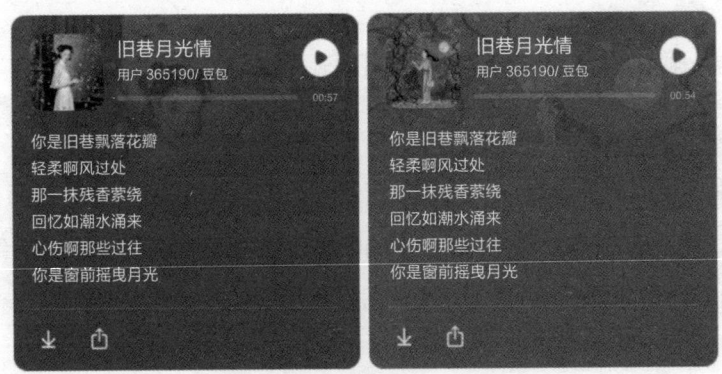

图 2-50 上传歌词的界面

虽然用豆包生成音乐的操作很简单，但缺点也比较明显，一是歌词局限在 200 字以内，二是生成的音乐较短，笔者试验了很多次，时长都在 1 分钟以内。

解题答疑

这项功能的操作很简单，在本书第一章我们已经做过简要的介绍。在这里，我们以图 2-51 中的历史题为例，再做一次简单的效果展示。图 2-52 是豆包针对这道历史题给出的解答。注意，在手机 APP 内，这个功能的名字叫"拍照答疑"。

15. 汉代开辟的"丝绸之路"是联系中外的纽带、沟通东方和西方的桥梁。
"丝绸之路"的走向是（　）
A、长安—葱岭—河西走廊—今新疆地区
B、长安—今新疆地区—河西走廊—葱岭
C、长安—河西走廊—今新疆地区—葱岭
D、成都—云南—缅甸—印度—欧洲

图 2-51　历史题

💡**解答**

答案是：C

解题步骤如下：

首先，汉代"丝绸之路"的起点是长安。

从长安出发，先经过河西走廊。河西走廊地理位置重要，是通往西域的重要通道。

接着到达今新疆地区。

然后经过葱岭，继续通往西方。

A 选项中，葱岭的位置不对，应该在河西走廊和今新疆地区之后。

B 选项中，今新疆地区的位置在河西走廊之后，顺序错误。

D 选项所描述的不是汉代"丝绸之路"的主要走向。

综上所述，"丝绸之路"的走向是长安—河西走廊—今新疆地区—葱岭，选择 C 选项。

⎘ ↻ ⋯ | 👍 👎

历史上丝绸之路对中外交流产生了哪些影响？→

讲述一下丝绸之路的历史变迁→

图 2-52　豆包给出的解答

学术搜索

介绍 Kimi 时，我们提到了"学术搜索"这项功能，豆包的这项功能和 Kimi 类似，不同的是，在豆包"学术搜索"界面，豆包对学术领域进行了分类，如图 2-53 所示。由于具体操作和 Kimi 类似，我们在这里就不做赘述了。

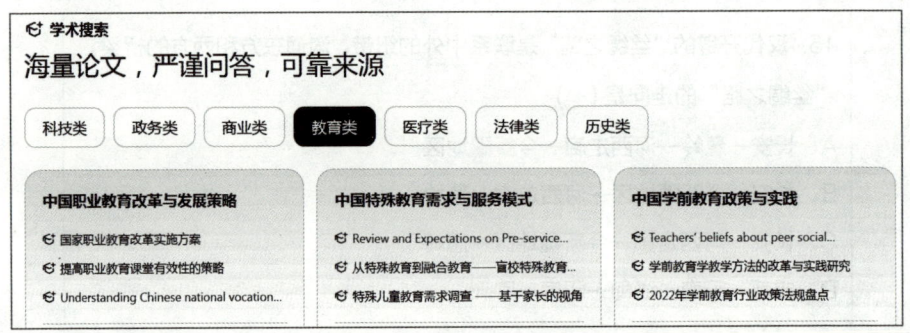

图 2-53　"学术搜索"界面

数据分析

当用户需要处理一些数据时，可以使用该功能快速处理。例如，我们将图 2-54 中的数据传给豆包后，让它计算每位学生的总分，并按照总分给学生排名，同时计算各学科的平均分。豆包很快给出了结果，见图 2-55、图 2-56。

学号	班级	姓名	语文	排名	数学	排名	英语	排名
1	(1)班	吴苏芳	98	3	87	5	99	2
2	(1)班	李杰克	87	7	98	1	100	1
3	(1)班	王小五	100	1	80	7	95	3
4	(1)班	韩平	89	5	90	4	48	11
5	(1)班	赵东东	97	4	95	2	87	5
6	(1)班	张小雯	99	2	78	8	80	6
7	(1)班	吴小凤	88	6	75	10	74	9
8	(1)班	王丽燕	87	7	65	11	79	7
9	(1)班	王小丽	78	9	77	9	75	8
10	(1)班	庞蓉蓉	45	11	94	3	90	4
11	(1)班	王晓燕	78	9	87	5	68	10

图 2-54　需要豆包处理的数据

每位学生的总分及排名如下：

学号	姓名	总分	总分排名
1	吴苏芳	284	2.0
2	李杰克	285	1.0
3	王小五	275	4.0
4	韩平	227	11.0
5	赵东东	279	3.0
6	张小雯	257	5.0
7	吴小凤	237	6.0
8	王丽燕	231	8.0
9	王小丽	230	9.0
10	庞蓉蓉	229	10.0
11	王晓燕	233	7.0

图 2-55　学生总分及排名

各学科的平均分如下：

学科	平均分
语文	86.000000
数学	84.181818
英语	81.363636

图 2-56　各学科平均分

2.5　讯飞星火

关于讯飞星火的介绍，我们让它来回答。

问：简要介绍一下讯飞星火。

答：讯飞星火认知大模型是由科大讯飞研发的认知智能大模型，它拥有跨领域的知识和语言理解能力，能够基于自然对话方式理解与执行任务。

该模型能够从海量的数据和大规模的知识中持续进化，实现从提出问题、规划问题到解决问题的全流程闭环。通过这种能力，讯飞星火可以高效完成各种复杂的认知智能任务，为用户提供精准的信息搜索、语言翻译、知识问答等服务。

此外，借助于科大讯飞及其行业生态伙伴的相关产品，讯飞星火还能够进行多模态的理解和内容生成，满足用户在多种场景下的需求，展现出其在认知智能领域的先进性和应用价值。

进入讯飞星火主页，可以看到几个比较热门的智能体，对话框上面则是它的几项核心功能，见图 2-57。同样，我们在这里主要介绍与前面几个 AI 工具存在差异的功能。

图 2-57　讯飞星火主页

内容写作

用户点击"内容写作"选项后，弹出图 2-58 所示界面。上方两个选择框中的选项——类型和语气是必选内容，否则无法进行后面的操作。平台为用户提供了多种选择，用户可结合自己的需要进行选择。

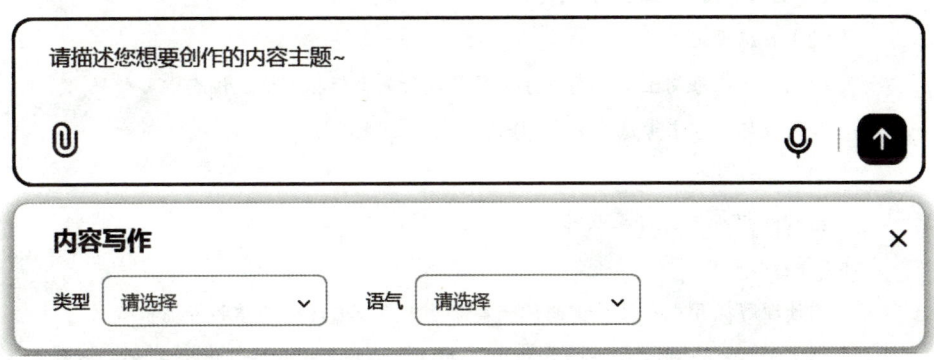

图 2-58　"内容写作"界面的对话框与选择框

学习计划

教师可以使用这项功能为学生制订学习计划，当然，学生也可以自己操作，制订更符合自己情况的学习计划。选择框有两个：选择周期和学习阶段。例如，将选择周期设置为半年，学习阶段设置为初二，目标是从现在的 70 分提升到 85 分（语文，满分 120 分），讯飞星火生成的学习计划如下：

> 答：为了帮助你从 70 分提高到 85 分，我们需要制订一个详细的学习计划。这个计划将包括以下几个方面：
>
> 诊断分析：了解你的弱点和需要改进的地方。
>
> 目标设定：设定短期和长期的学习目标。
>
> 学习策略：采取有效的学习方法和技巧。

时间管理：合理安排学习和休息的时间。

定期评估：定期检查学习进度并调整计划。

（1）诊断分析

你需要分析自己的语文试卷，找出失分的主要原因。是因为基础知识不牢固、阅读理解能力不强、作文表达能力不足，还是考试技巧不够熟练？确定弱点后，可以更有针对性地进行复习。

（2）目标设定

短期目标：每周至少提高1分，每月进行一次模拟测试，检查学习效果。

长期目标：期末考试达到85分。

（3）学习策略

基础知识巩固：每天安排一定时间复习课本内容，特别是文言文、成语、古诗文等基础知识点。

阅读理解提升：每天至少阅读一篇课外文章，并进行总结和提炼中心思想。

作文训练：每周至少写一篇作文，可以是记叙文、议论文或说明文，然后找老师或同学批改，学习如何改进。

考试技巧：通过做历年真题和模拟题来熟悉考试题型和时间分配。

（4）时间管理

每日学习计划：①上午：1小时复习前一天学习的内容。②下午：1小时专注于新知识点的学习。③晚上：1小时进行作文练习或阅读理解练习。

周末复习计划：每周末花3小时回顾一周所学内容，做一次模拟测试。

（5）定期评估

每月月底进行一次全真模拟考试，以检测学习效果。

根据模拟考试的结果调整学习计划，强化薄弱环节。

（6）其他建议

与同学组成学习小组，互相讨论和学习，可以提高学习效率。

向老师积极请教不懂的问题，及时解决疑惑。

保持良好的作息习惯，确保有足够的睡眠和休息时间。

保持积极的心态，相信自己能够达到目标。

总之，这个计划需要根据你的实际情况进行调整，如你的学校作业量、课外活动等都可能影响你的学习时间。务必保持灵活性，根据实际情况适时调整计划。

学习计划生成后，用户可以结合具体情况进行调整，也可以针对某一点让讯飞星火做更详细的解读。比如，讯飞星火给出的每日学习计划就不太现实，学生很难每天拿出这么多的时间放在语文学科的学习上，所以需要做出调整。

儿童教育

"儿童教育"功能提供 3 个选择框：年龄（图 2-59）、性格特点（图 2-60）、关注类别（图 2-61）。

| 1 ～ 3 岁 |
| 3 ～ 6 岁 |
| 6 ～ 10 岁 |
| 10 ～ 12 岁 |
| **12 ～ 18 岁** |

图 2-59　年龄

| **外向型** |
| 内向型 |
| 敏感型 |
| 活泼型 |
| 固执型 |

图 2-60　性格特点

| 学习 |
| **体育** |
| 艺术 |
| 生活 |

图 2-61　关注类别

用户依次选择完这 3 项后，在对话框中输入想要达成的教育目标。比如，输入"让孩子更好地融入集体生活"，讯飞星火给出的回答如下：

> 为了帮助 6 ～ 10 岁的内向型儿童更好地融入集体生活，我们需要设计一个全面的教育计划，这个计划应该关注孩子的个性特点、兴趣和社交技能的培养。以下是一些建议：
>
> （1）社交技能训练
>
> 小组活动：组织小型的团队活动，让孩子们在合作中学习交流和协作。
>
> 角色扮演：通过角色扮演游戏，让孩子们模拟不同的社交场景，如在新环境中介绍自己、请求帮助等。
>
> 社交故事：使用社交故事来教授孩子如何在不同的社交场合中表现。

（2）自信心建设

表扬和鼓励：积极表扬孩子的努力和成就，即使是小的进步也要给予认可。

自我表达：鼓励孩子表达自己的想法和感受，可以通过绘画、写作或其他艺术形式。

目标设定：帮助孩子设定可实现的小目标，并庆祝他们达成目标的每一个步骤。

（3）情绪管理

情绪识别：教孩子识别和命名不同的情绪，以及这些情绪产生的原因。

情绪调节：提供策略和工具帮助孩子学会如何管理自己的情绪，如深呼吸、倒数计时等。

（4）兴趣发展

探索兴趣：鼓励孩子尝试不同的活动，找到他们感兴趣的事情。

特长培养：一旦发现孩子的兴趣或特长，提供资源和支持帮助他们进一步发展。

（5）家庭支持

家庭参与：家长应该参与到孩子的社交活动中，给予必要的支持和鼓励。

家庭作业：家长可以在家中创造机会让孩子练习社交技能，如邀请朋友来家里玩。

（6）学校合作

教师沟通：与孩子的老师保持密切沟通，了解孩子在学校的表现，寻求老师的支持和建议。

同伴匹配：如果可能，可以尝试将孩子与性格互补的同学配对，以便他们在学习和游戏中相互支持。

（7）定期评估

进度跟踪：定期评估孩子在社交技能、自信心、情绪管理等方面的进步，并根据需要调整教育计划。

（8）安全环境

无压力的环境：确保孩子处于一个无压力的环境中，这样他们才能自由地表达自己并与他人互动。

通过这些综合性的策略，我们可以帮助内向的孩子逐步建立起与他人交往的信心和技能，从而更好地融入集体生活。重要的是要有耐心，每个孩子的成长节奏都是不同的，需要成人的理解和支持。

智能体中心

最后，我们再简单介绍一下讯飞星火的"智能体中心"，见图 2-62。讯飞星火提供了很多智能体，在这里我们就不一一介绍了，只选择其中一个做举例说明。

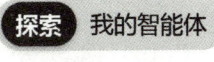
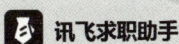

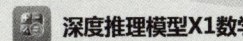

图 2-62　讯飞星火"智能体中心"主页

例如，在"学习"一栏有一个"英语单词记忆"的智能体，其介绍是"快速分拆英语单词。达到记忆的功能"（图 2-63）。

英语单词记忆
快速分拆英语单词。达到记忆的功能
98.2万 @妞妞的放羊娃

图 2-63　"英语单词记忆"智能体

笔者将"disport"这个单词发送给它，得到的回答如下：

答：单词：disport。

中文翻译：娱乐，消遣。

常见组合：

disport oneself、自娱自乐

take a disport、进行娱乐活动

近义词：amusement, recreation, entertainment。

反义词：work, labor, toil。

前缀：dis-（表示否定或相反）。

后缀：-port（表示携带、运输）。

词源：来自古法语的"desporter"，意为"带走"，后来演变为"娱乐"。

词根：sport（运动）。

词根的组成词：sportsman（运动员），sportswoman（女运动员）。

巧妙或者经典的记忆方法：可以将"disport"拆分为"dis-"和"sport"，联想到"不运动"的时候就是在休息娱乐。

单词的应用举例：

They spent the entire day in various disport activities at the beach.

The children were seen disporting themselves in the park.

常见搭配：take part in disport activities（参加娱乐活动）。

教师可以摘取其中有助于记忆的部分，如：

前缀：dis-（表示否定或相反）。

词根：sport（运动）。

巧妙或者经典的记忆方法：可以将"disport"拆分为"dis-"和"sport"，联想到"不运动"的时候就是在休息娱乐。

短短几行，便可以帮助学生快速理解和记忆这个单词。

第3章

这些事，AI 全帮你搞定

$$\vdots$$

3.1 搜索教研资料

在教师的教研工作中，搜索教研资料是必不可少的一个环节，但这项任务既耗时又需要大量的精力。幸运的是，人工智能（AI）的出现，正在逐步改变这一现状。

在本书第二章，我们介绍了几款教师必备的 AI 工具，这些工具可以帮教师搜集教学资料，甚至有些工具专门设计了"学术搜索"功能，当教师需要搜索教研资料时，可使用这些工具。除了这些通用性的 AI 工具外，还有一些专门用于搜索的 AI 工具，相较于前面提到的那些 AI 工具，这些搜索类的 AI 工具在搜索功能上更突出，所以如果上述工具无法满足教师需求，可使用这些 AI 搜索工具。目前，有多款 AI 搜索工具可供教师选择，如秘塔 AI 搜索、360AI 搜索、天工 AI 搜索。在这里，我们以秘塔 AI 搜索为例，介绍一下如何使用秘塔 AI 搜索搜索教研资料。

图 3-1 是秘塔 AI 搜索的首页，界面设计简洁明了。页面的中部便是搜索框，搜索框中有个搜索范围（全网、文库、学术、博客）的选项，用户可以根据需要进行选择。

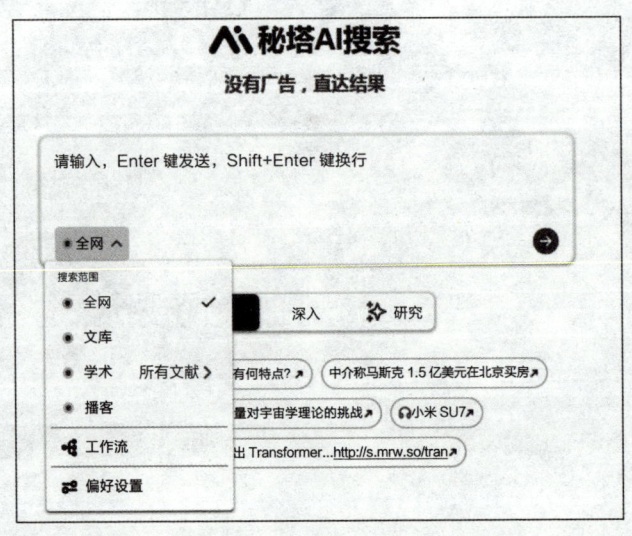

图 3-1　秘塔 AI 搜索的首页

在搜索框的下方有"简洁""深入""研究"3 个选项，这 3 个选项指向的结果的输出程度。

如果教师只是想初步地了解某项研究，可以选择"全网"的搜索选项和"深入"的输出程度。例如，笔者在搜索框输入"AI 在教育中的应用"，得到的结果见图 3-2。

利用教育技术实现个性化学习路径的 AI 应用，可以从以下几个方面进行详细探讨：

AI 可以通过大数据和机器学习技术收集学生的学习数据，包括成绩、兴趣、能力等信息。这些数据可以帮助构建每个学生的数字画像，从而为他们提供个性化的学习路径[13]。

基于数据分析的结果，AI 能够为学生推荐最适合他们的学习资源和路径。例如，对于数学成绩突出的学生，AI 可能会推荐更具挑战性的数学竞赛题目；而对于其他学科表现较弱的学生，则可以推荐相应的补习材料[26]。

利用深度强化学习框架（DRE），可以形式化学生的多种学习目标，并自适应地为学生进行个性化学习路径推荐。这种方法不仅考虑了知识覆盖广度和难度变化平滑性，还保持了学生的学习积极性[28]。

通过知识图谱和可视化技术，可以更加精准地刻画学生的知识掌握情况，并实现对学生精准的学情研判和学习路径规划。这有助于老师更好地了解学生学情，优化教学方法和调整教学策略[22][25]。

AI 驱动的系统可以实时评估学生的进步，提供有针对性的反馈，并找出他们需要改进的地方。此外，AI 还可以监控学生的行为模式，评估他们的注意力水平，并确定是否需要在某些学科或技能方面获得额外帮助 7[7]。

使用虚拟导师和互动性更强的教学方法，可以提高课堂参与度和积极性，并改进学习目标。这种互动方式使学习变得更加愉快、有吸引力和有回报[7]。

平台如 Roadmapped.ai 可以为用户提供保存多个学习路线的支持服务，并参与社区交流。这种社区支持可以帮助学生在学习过程中互相帮助，共同进步[5]。

图 3-2　搜索结果

秘塔 AI 搜索共给出了 8 项应用方向，每项应用后都附带了序号，这些序号对应着内容来源，这些内容来源被集中放到了页面的底部，如图 3-3 所示。用户想看哪篇文章，直接点击即可。页面右侧区域如图 3-4 所示。

🔗 **来源**

Ai 在教育领域的应用及 10 种方法 –ClassPoint Blog | ClassPoint [2023-08-09]

基于数字技术与人工智能技术引领下的数智赋能教育创新与变革专题培训会 [2024-09-14]

面向 K-12 学校人工智能 (AI) 教育设计整体思路

人工智能在教育中的应用：塑造学习的未来 –AI 知识库 [2024-06-14]

人工智能课程如何设计 |PingCode 智库 [2024-08-12]

中小学人工智能课程内容设计及实施案例分析 – 小鹏 stem

论文：中小学人工智能课程内容设计探究 – 知乎

2024 年人工智能 + 教育行业发展研究报告 | 界面新闻

AI 赋能教育：智慧教育技术架构的解析 – 大模型知识库 [2024-08-26]

AI 赋能教育：AI 人工智能在教育中的 8 个应用示例（老师必须收藏）_ai 在教育领域的应用 –CSDN 博客

[2024-06-29]

图 3-3　内容来源（部分）

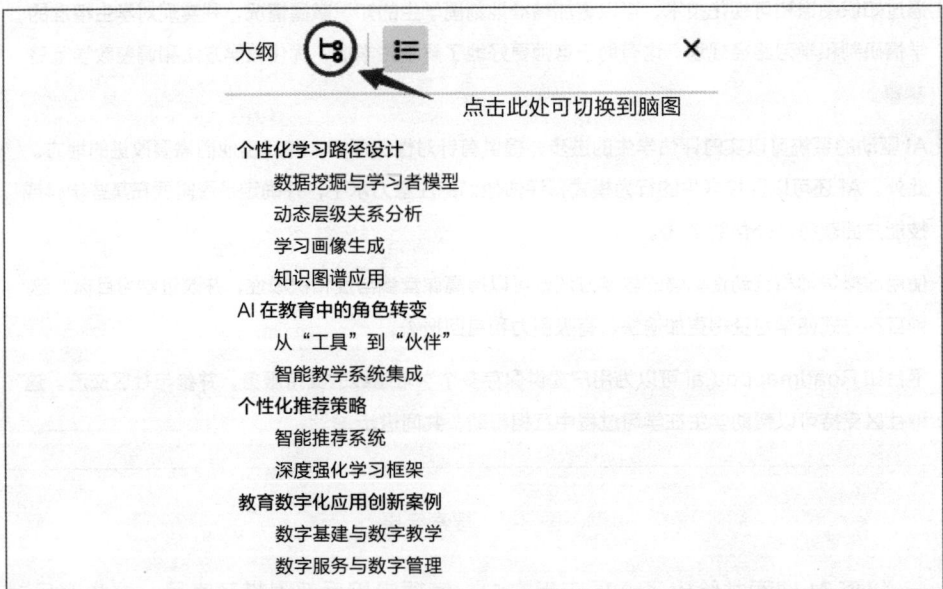

图 3-4　页面右侧区域呈现的内容

例如，笔者点击"个性化学习路径设计"后，秘塔 AI 搜索给出了如图 3-5 所示的搜索结果。

利用教育技术实现个性化学习路径的 AI 应用，可以从以下几个方面进行详细探讨：

AI 可以通过大数据和机器学习技术收集学生的学习数据，包括成绩、兴趣、能力等信息。这些数据可以帮助构建每个学生的数字画像，从而为他们提供个性化的学习路径[13]。

基于数据分析的结果，AI 能够为学生推荐最适合他们的学习资源和路径。例如，对于数学成绩突出的学生，AI 可能会推荐更具挑战性的数学竞赛题目；而对于其他学科表现较弱的学生，则可以推荐相应的补习材料[26]。

利用深度强化学习框架（DRE），可以形式化学生的多种学习目标，并自适应地为学生进行个性化学习路径推荐。这种方法不仅考虑了知识覆盖广度和难度变化平滑性，还保持了学生的学习积极性[28]。

通过知识图谱和可视化技术，可以更加精准地刻画学生的知识掌握情况，并实现对学生精准的学情研判和学习路径规划。这有助于老师更好地了解学生学情，优化教学方法和调整教学策略[22][25]。

AI 驱动的系统可以实时评估学生的进步，提供有针对性的反馈，并找出他们需要改进的地方。此外，AI 还可以监控学生的行为模式，评估他们的注意力水平，并确定是否需要在某些学科或技能方面获得额外帮助[7]。

使用虚拟导师和互动性更强的教学方法，可以提高课堂参与度和积极性，并改进学习目标。这种互动方式使学习变得更加愉快、有吸引力和有回报[7]。

平台如 Roadmapped.ai 可以为用户提供保存多个学习路线的支持服务，并参与社区交流。这种社区支持可以帮助学生在学习过程中互相帮助，共同进步[5]。

AI 可以根据学生的兴趣、能力和学习方式进行差异化教学，提供个性化的学习路径和资源推荐，满足学生不同的学习需求[3]。

AI 驱动的工具可以自动执行管理任务，减少开销并降低教育成本。这使得个性化学习成为可能，课程可以根据每个学生的长处和短处进行调整[2]。

图 3-5　秘塔 AI 搜索针对"个性化学习路径设计"给出的搜索结果

在结果呈现界面，还有"相关事件"（图 3-6）、"相关组织"（图 3-7）、"相关人物"（图 3-8）3 项内容，如果用户对这 3 项中的某项内容感兴趣，只要鼠标移动到该内容下出现下划线，便可以直接点击，秘塔 AI 搜索便会对这个内容做进一步的搜索。

⊞ **相关事件** ▽   ∧

事件名称	事件概述
● 2024年6月14日 人工智能在教育中的应用提升学习效率 ④	教育创新 通过个性化学习路径和AI语言学习程序，提高了学生的数学成绩和学习兴趣。
● 未明确 中小学人工智能课程设计与实施 ⑥	教育政策 中小学生阶段开展人工智能教育，旨在转变思维方式和提升思维能力。

图 3-6　结果呈现页面的"相关事件"（部分）

🏛 **相关组织** ▽   ∧

组织名称	概述
中兴协力教育科技集团 ⑱	教育/科技 旗下拥有专注于高等教育和职业教育领域的AI智适应在线学习平台"核桃ai"。
美国佐治亚理工学院 ⑳	教育/高等教育 该学院的Jill Watson是教育界著名的AI助教，推出了基于知识的人工智能计算机科学课程。

图 3-7　结果呈现页面的"相关组织"（部分）

👥 **相关人物** ▽   ∧

人物名称	概述
Jill Watson ⑳	个人/教育者 美国佐治亚理工学院的著名AI助教，推出了一款基于知识的人工智能计算机科学课程。

图 3-8　结果呈现页面的"相关人物"（部分）

页面下方还有一块操作界面（图 3-9），用户可以进行"分享""研究""追问""导出 Word""导出 PDF""导出到写作猫"等操作。

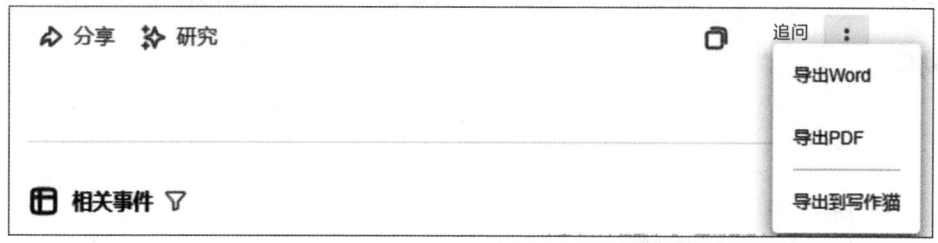

图 3-9 页面下方操作界面

点击"研究"按钮，可以使结果呈现的内容更深入和全面；点击"追问"按钮，用户可以继续提问；点击"导出到写作猫"，会跳转到秘塔写作猫的主页，上述内容会写入秘塔写作猫的文档，用户可以直接在该文档上对内容进行编辑，见图3-10。

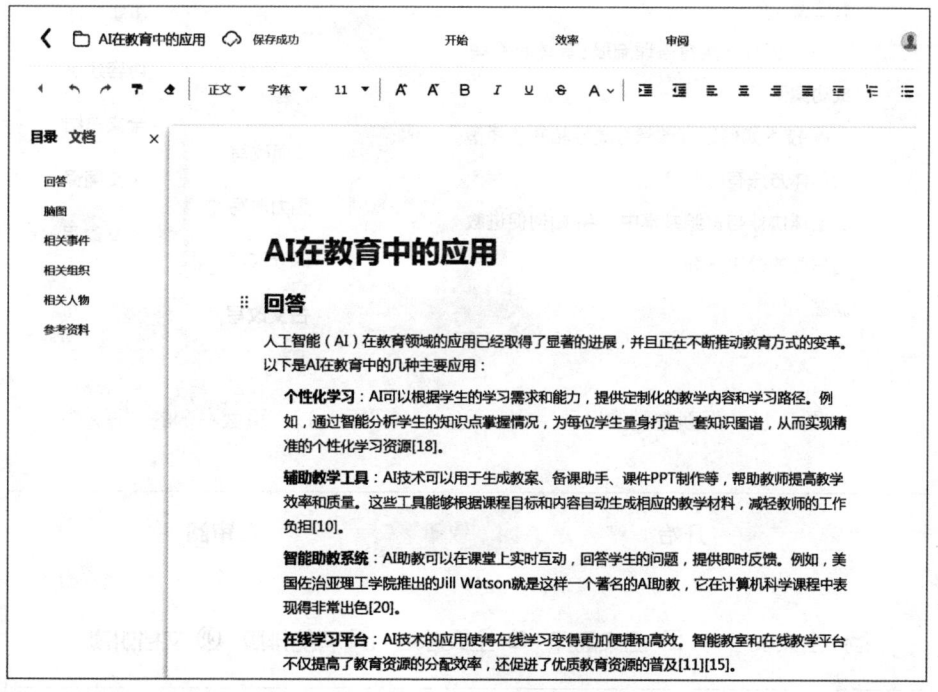

图 3-10 秘塔写作猫主页

秘塔写作猫主页的左侧是文档的目录（图 3-11），右侧有"提示"选项，点开后有诸多功能（图 3-12），上方有"开始""效率""审阅"3 个选项，点开后同样有诸多功能（图 3-13），用户可以结合自己对文档编辑的需要选择相应的功能。

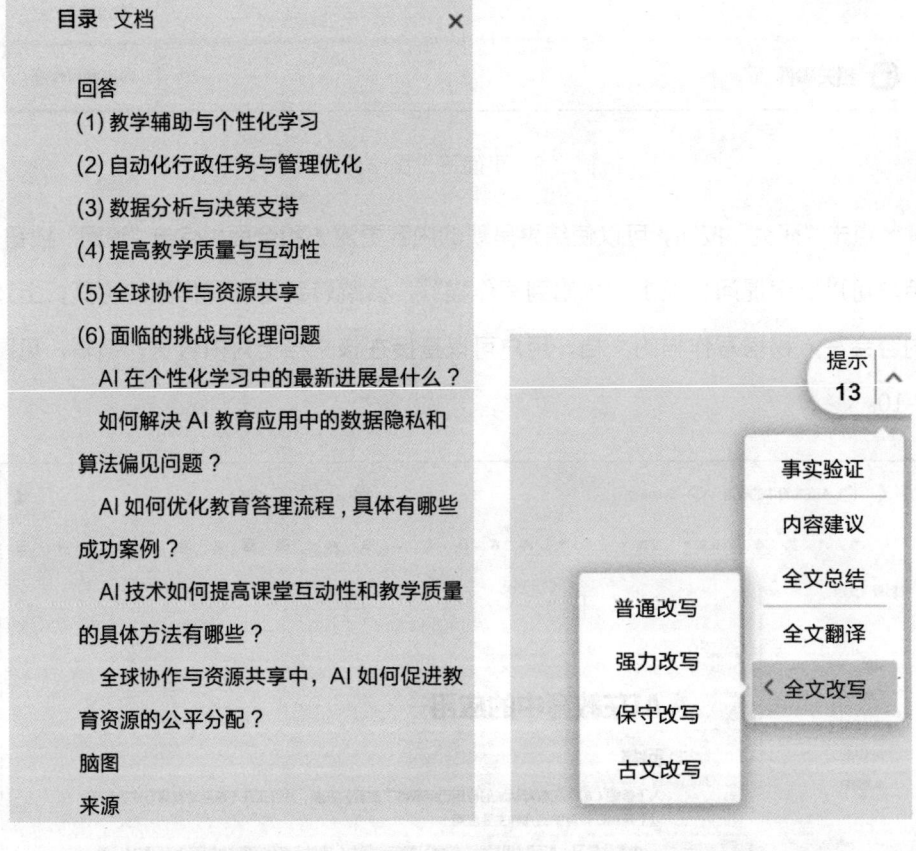

图 3-11　页面左侧的目录　　　　图 3-12　页面右侧的"提示"

图 3-13　页面上方的 3 个选项

如果教师需要的资料是文献，便可以把范围限定在"学术－所有文献"，内容的输出程度为"研究"，如图 3-14 所示。通过这个方式获得的内容的来源全部为学术文章，更能满足教师的学术要求。因为其他操作与上述操作相同，所以在这里我们就不赘述了。

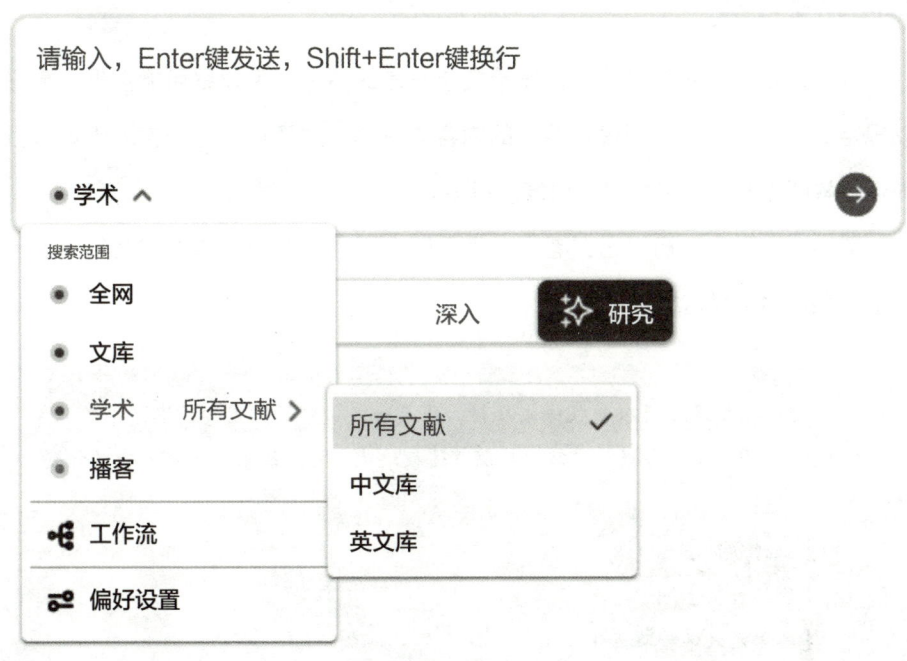

图 3-14　搜索文献

3.2　生成教学计划和教案

制订教学计划和教案是每位教师的必备工作，它不仅是一张详尽的教学蓝图，也为课堂教学提供了有条不紊的指导。对于这两项工作，AI 同样可以发挥重要作用，帮助教师从繁重的事务性工作中解放出来，从而让教师可以把更多的时间和精力投入更具创造性和人性化的教学活动中。下面，我们便以文心一言为例，分别论述如何使用文心一言快速生成教学计划和教案。

生成教学计划

要生成高质量的教学计划，发给文心一言的指令一定要尽可能详细，最好可以规定好模块，让它按照模块要求的内容去生成。为了让文心一言准确定位教材内容，教师需要先上传教材，再发送指令。

例如，你是一位初中语文老师，使用的教程是人教版，要生成七年级上册的教学计划，你可以这样设计指令：

> 这是七年级上册人教版语文教材，你是一名初中语文老师，本学期的教学时长是 16 周，请结合教材内容，按照下述模块生成七年级第一学期的教学计划。
>
> 模块：
>
> 【教材分析】
>
> 【教学目标】
>
> 【各单元教学重难点】
>
> 【课程设置】
>
> 【教学方法】
>
> 【时间安排】

文心一言的回答如下：

> 七年级第一学期语文教学计划
>
> （1）教材分析
>
> ①教材概述
>
> 本学期使用的教材为部编版初中语文七年级上册，该教材由教育部组织编写，总主编为温儒敏。全书共分为六个单元，每个单元围绕不同的主题展开，内

容涵盖了散文、诗歌、古文、现代文、童话、神话等多种文体，旨在通过多样化的文学作品，全面提高学生的语文素养和阅读能力。

②内容特点

多样性：教材选文广泛，既有经典文学作品如老舍的《济南的冬天》、鲁迅的《从百草园到三味书屋》，也有现代散文如史铁生的《秋天的怀念》、莫怀戚的《散步》，还有古代诗歌、寓言、童话和神话等，充分展现了中华文化的博大精深。

人文性：教材注重人文精神的培养，通过文学作品引导学生感受生活、理解人生、思考社会，培养学生的情感态度和价值观。

实践性：教材设计了丰富的实践活动，如朗读、写作、综合性学习等，旨在提高学生的语言运用能力和实践能力。

（2）教学目标

①知识与技能

掌握七年级上册语文教材中的生字词、成语、古诗词等基础知识。

能够理解并分析课文的主要内容、主题思想和艺术特色。

提高学生的阅读速度和理解能力，培养良好的阅读习惯。

培养学生的写作能力和口头表达能力，能够用准确、生动的语言表达自己的思想和情感。

②过程与方法

通过朗读、讨论、合作等方式，引导学生积极参与课堂活动，提高学习效率。

引导学生学会自主学习，掌握有效的学习方法和策略。

培养学生的批判性思维和创新能力，鼓励学生敢于质疑、勇于探索。

③情感态度与价值观

培养学生的审美情趣和人文素养，引导学生感受文学作品的魅力。

引导学生树立正确的世界观、人生观和价值观，培养积极向上的生活态度。

增强学生的民族自豪感和文化自信，传承和弘扬中华优秀传统文化。

（3）教学重、难点

教学重点：

散文、诗歌、古文等文体的阅读鉴赏方法。

记叙文、议论文等文体的写作训练。

经典作品的深入解读与赏析。

教学难点：

如何引导学生深入理解文章的思想内涵和情感表达。

如何培养学生的写作能力和创新思维。

如何通过综合性学习活动提升学生的语文综合素养。

（4）课程设置

①课文讲解

每篇课文安排 2～3 课时讲解，包括生字词学习、课文朗读、内容分析、艺术特色探讨等环节。

②写作训练

每周安排 1 课时进行写作训练，包括命题作文、自由写作、作文修改等环节。

③综合性学习

每单元结束后安排 1～2 课时进行综合性学习活动，如朗诵比赛、演讲比赛、读书报告会等。

④课外阅读

鼓励学生进行课外阅读，每周安排一定的时间进行课外阅读分享和交流。

（1）教学方法

①讲授法

通过教师的讲解和示范，引导学生掌握基础知识和基本技能。

②讨论法

组织学生围绕课文内容进行讨论和交流，培养学生的批判性思维和口头表达能力。

③合作学习法

引导学生分组合作完成任务，培养学生的团队合作精神和自主学习能力。

④情境教学法

创设与课文内容相关的情境，引导学生身临其境地感受和理解课文内容。

⑤多媒体教学法

利用多媒体教学手段，如 PPT、视频、音频等，丰富课堂内容，提高学生的学习兴趣和积极性。

（6）时间安排

第 1～4 周：完成第一单元和第二单元的教学任务。

第 5～8 周：完成第三单元和第四单元的教学任务。

第 9～12 周：完成第五单元和第六单元（前半部分）的教学任务。

第 13～14 周：进行期中复习和考试。

第 15～16 周：完成第六单元（后半部分）的教学任务，并进行期末复习和考试。

以上教学计划旨在全面提高学生的语文素养和综合能力，为其后续的语文学习打下坚实的基础。

生成的教学计划可能无法 100% 满足要求，有些地方可能还会出现错误，如期中考试设置的时间太靠后。针对不满足要求或出现错误的地方，教师需要进行调整和修改。当然，教师也可以让文心一言多生成一些教学计划，从中选择质量较高的部分，然后将这些部分组合成一个完整的教学计划。

生成教案

用文心一言生成教案有两个途径：一是直接在对话框中输入指令；二是打开"百宝箱"，在"搜索"栏输入"教案"，百宝箱便会检索出和教案有关的指令，如图 3-15 所示。教师可以结合自己的需要进行选择。

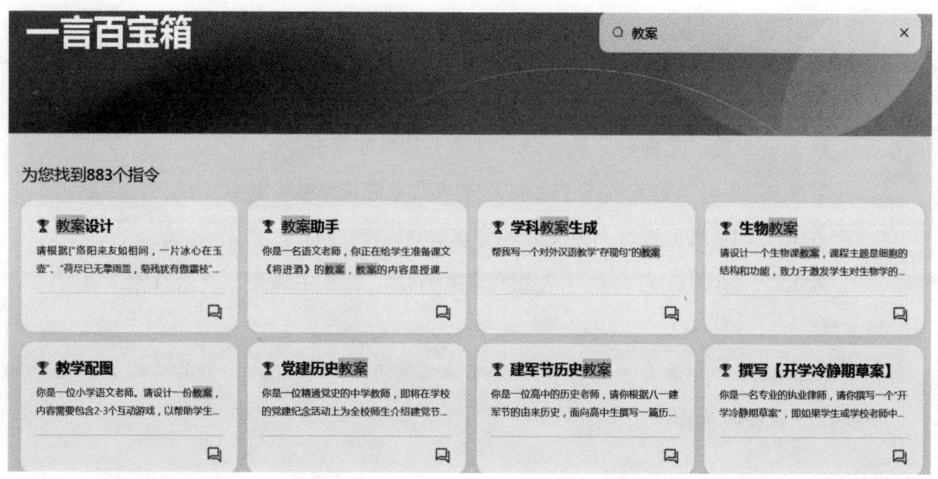

图 3-15 "一言百宝箱"中和"教案"有关的指令（部分）

我们选择了"教案助手"里的指令，然后将指令中的《将进酒》换成了《济南的冬天》，指令如下：

> 你是一名语文老师，你正在给学生准备课文《济南的冬天》的教案，教案的内容是授课内容，请给出教案的框架。

指令发送给文心一言后，生成的内容如下：

> 《济南的冬天》教案框架
>
> （1）教学目标
>
> ①知识与技能
>
> 学生能够准确流畅地朗读课文，掌握文中描绘济南冬天景物的关键词语和短语。
>
> 理解并概括文章的主要内容，识别并分析文中描绘冬天景色的手法，如比喻、拟人等修辞手法。
>
> ②过程与方法
>
> 通过朗读、讨论、分析等多种教学方法，引导学生深入理解文本，感受济南冬天的独特魅力。

利用多媒体教学资源，如图片、视频等，帮助学生直观感受冬天的美景，增强学习效果。

③情感态度与价值观

激发学生对自然美的热爱和向往，培养学生观察自然、感受自然的能力。

培养学生热爱家乡、热爱生活的情感，以及通过文字表达美好情感的能力。

（2）教学重、难点

重点：理解文章内容，把握济南冬天的特点，学习并欣赏文中描绘冬天的修辞手法。

难点：深入理解作者对济南冬天的深厚情感，以及如何通过文字将这种情感传达给读者。

（3）教学准备

多媒体课件（包含课文原文、注释、图片、视频等教学资源）

预习任务单（要求学生提前阅读课文，标注生词难句，尝试概括文章大意）

小组讨论问题卡

（4）教学过程

①导入新课（约 5 分钟）

通过展示冬天美景的图片或视频，引导学生进入冬天的氛围，激发学生的兴趣。

提问："你心中的冬天是什么样的？有没有哪个地方的冬天让你特别难忘？"引导学生分享个人经历，引出课题《济南的冬天》。

②初读感知（约 10 分钟）

学生自由朗读课文，教师巡视指导，注意纠正发音和停顿。

小组讨论并分享初读感受，初步概括文章大意。

③精读品析（约 20 分钟）

分段讲解，引导学生深入分析文中描绘冬天景物的句子，识别并理解修辞手法。

小组讨论：选取文中最打动你的一段或一句，分析它是如何描绘冬天景色的？表达了作者怎样的情感？

全班交流，教师总结归纳，引导学生深入理解文章情感。

④情感升华（约 10 分钟）

引导学生思考："为什么济南的冬天会给作者留下如此深刻的印象？你从中

学到了什么？"

通过配乐朗诵或角色扮演等形式，让学生进一步感受作者对济南冬天的深厚情感。

⑤拓展延伸（约5分钟）

鼓励学生分享自己家乡冬天的美景，尝试用文字描绘出来。

布置写作任务：以"我心中的冬天"为题，写一篇短文，要求运用所学修辞手法，表达自己对冬天的热爱和向往。

⑥总结回顾（约5分钟）

回顾本课所学内容，强调文章的情感价值和语言魅力。

布置课后作业：背诵并默写文中精彩段落，准备下节课的分享交流。

（5）板书设计

（根据课堂实际情况灵活设计，可包含课题、作者、关键词语、修辞手法、情感主题等要点）

（6）教学反思

课后反思教学过程中的亮点与不足，记录学生的反馈和建议，为后续教学改进提供参考。

这个框架不一定符合我们的教学实际，所以教师可以结合实际情况对教案进行调整，也可以把我们的需要发给文心一言，让它继续生成相关内容。例如，针对教学过程穿插一些讨论环节，文心一言给出的回答如下：

当然可以，在教学过程中穿插讨论环节是非常重要的教学策略之一，它能够促进学生之间的思想交流，加深对课文内容的理解和思考。以下是几个可以在《济南的冬天》教学过程中穿插的讨论环节建议：

（1）主题讨论：济南冬天的独特之处

在初步阅读课文后，组织学生讨论济南冬天与其他地方冬天的不同之处。可以引导学生从气候、景色、人文氛围等多个角度进行思考，鼓励学生发表自己的观点和见解。

（2）修辞手法分析讨论

当讲到课文中的修辞手法时，可以让学生分组讨论这些修辞手法的具体运用和效果。例如，讨论某个比喻句是如何生动形象地描绘出济南冬天的景象的，或者某个拟人句是如何赋予自然景物以人的情感和动作的。通过讨论，学生可以更深入地理解修辞手法的魅力和作用。

（3）情感共鸣讨论

在学习完课文后，可以组织学生讨论自己对济南冬天的感受及作者情感的理解。引导学生思考作者为什么会对济南的冬天有如此深厚的情感，这种情感又是如何通过文字传达给读者的。同时，也可以鼓励学生分享自己对于冬天的个人感受或难忘经历，以增进彼此之间的情感交流。

（4）观点碰撞讨论

针对课文中的某些观点或问题，可以设计一些具有争议性的问题让学生进行讨论。例如，讨论"济南的冬天是否比其他地方更温暖宜人？"或者"作者笔下的济南冬天是否过于理想化？"等问题。通过观点碰撞的讨论，可以激发学生的思维活力，培养他们的批判性思维能力。

（5）拓展延伸讨论

在学习完课文后，可以引导学生将所学知识拓展到更广泛的领域进行讨论。例如，讨论不同地域文化的差异对人们感受自然的方式有何影响，或者讨论如何在现代生活中保持对自然的敬畏和热爱等话题。通过拓展延伸的讨论，可以拓宽学生的视野，培养他们的综合素养。

在讨论环节中，教师需要扮演好引导者和促进者的角色，确保讨论能够有序进行并达到预期的教学目标。同时，教师还需要关注每个学生的参与情况，鼓励每个学生都积极发表自己的观点和见解，以促进全体学生的共同发展。

针对文心一言给出的回答，教师可以结合上述教案和教学实际，筛选一些可用的内容，用以完善上述教案。

3.3 制作教学课件

制作教学课件是让很多教师头疼的一个任务，因为制作课件需要很多教学材料，包括文字、图表、图片等。而有了 AI 的辅助，这些工作的处理效率会得到提高，制作教学课件的效率也会随之提高。下面，我们便以人教版语文七年级上册的《从百草园到三味书屋》为例，简要论述如何借助 AI 提高课件的制作效率。

文字内容生成

针对课件中的文字内容部分，教师可以借助 AI 设计一些可以吸引学生注意力的课堂导入、课堂讨论等。以课堂导入为例，我们设计了指令：

> 针对《从百草园到三味书屋》这篇课文，设计一些可以吸引学生注意力的课堂导入。

通义千问给出了 4 组回答：

> （1）多媒体导入
> 播放一段关于鲁迅生平的短片，让学生对作者有一个初步的认识。
> 使用幻灯片展示百草园与三味书屋的图片，让学生通过视觉感受两种环境的不同。
> （2）故事讲述
> 讲述鲁迅童年时期在百草园里的趣事，比如捉虫子、摘野果等，引起学生的共鸣。
> 分享鲁迅为何要从充满乐趣的百草园转到三味书屋读书的故事背景，激发学生的好奇心。

（3）互动游戏

设计一个"猜猜看"游戏，用文中提到的事物（如皂荚树、桑葚等）作为谜面，让学生猜测这些事物出现在文中的意义。

开展一次"角色扮演"，让学生分别扮演文中的角色（比如鲁迅、寿镜吾老先生等），通过对话来体验当时的情景。

（4）情感共鸣

提问学生关于自己童年的一些美好回忆，然后引出鲁迅的这篇文章，探讨不同年代孩子们的成长经历有何异同。

讨论文章中鲁迅对于学习的态度变化，让学生分享自己对于学习的看法，从而引导他们思考学习的目的和意义。

从上述 4 组回答中，教师可以挑选一些不错的课堂导入方式，如第 1 组中的"播放一段关于鲁迅生平的短片，让学生对作者有一个初步的认识"和第 4 组中的"提问学生关于自己童年的一些美好回忆，然后引出鲁迅的这篇文章，探讨不同年代孩子们的成长经历有何异同"。如果给出的回答没有满意的，教师可以重复提问，直到得到满意的回答。

图片处理

制作教学课件，图片是必不可少的元素，但有时我们找到的图片无法满足要求，如有水印、不够清晰，有时还需要抠图。借助 AI，这些图片处理工作便可以高效地完成。

图 3-16 是"百草园"的图片及其各项属性，图片比较模糊。

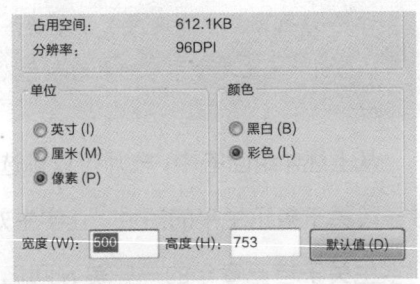

图 3-16　处理前的"百草园"图片及其各项属性

　　这时，我们可以使用 Bigjpg，网址为 https://bigjpg.com/。打开网页后（图 3-17），上传"百草园"的图片，选择需要放大的配置（图 3-18），点击确定，处理完成后，点击下载，即可得到更加清晰的图片。图 3-19 是处理后的图片及其各项属性。

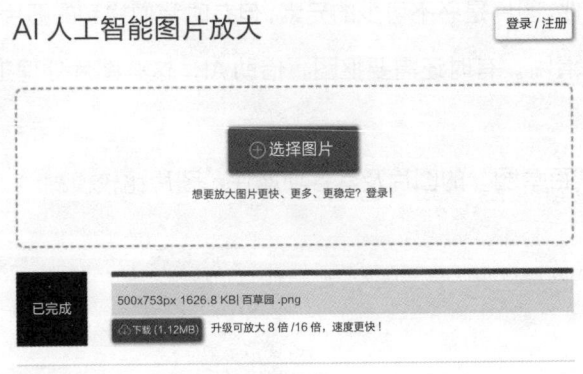

图 3-17　Bigjpg 首页

放大配置　✕

图片类型　○卡通 / 插画 ◉照片

放大倍数　○2x ◉4x ○8x ○16x 升级后可放大 8 倍 /16 倍

降噪程度　○无 ○低 ○中 ◉高 ○最高

确定

图 3-18　"放大配置"选择页

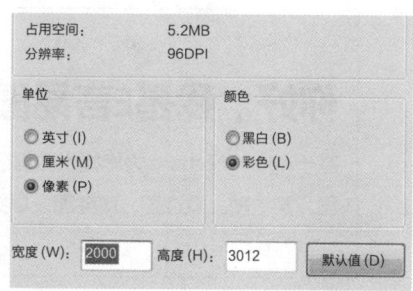

| 占用空间： | 5.2MB |
| 分辨率： | 96DPI |

单位	颜色
○英寸 (I)	○黑白 (B)
○厘米 (M)	◉彩色 (L)
◉像素 (P)	

宽度(W)：2000　高度(H)：3012　默认值 (D)

图 3-19　处理后的图片及其各项属性

图表绘制

不同学科、不同课对于图表绘制的要求不同。以《从百草园到三味书屋》这一课为例，可以针对百草园和三味书屋做一张对比表。关于二者各项的描述如下：

> 百草园：
>
> 环境：景物优美、环境开阔、生活有趣。
>
> 人物及性格：长妈妈（慈爱、亲切、耐心）。
>
> 生活：景物优美、故事神奇、捕鸟有趣。
>
> 主题：反映了对自然的热爱和对自由快乐生活的向往、对知识的渴求。
>
> 三味书屋：
>
> 环境：窄小、单调、沉闷。
>
> 人物及性格：老先生（古板冷漠迂腐）。
>
> 生活：枯燥乏味。
>
> 主题：表达了对束缚儿童身心发展的封建教育的不满。

从文心一言的"智能体广场"中找到"E 言易图"（图 3-20），将上述内容上传，并写上"针对这两部分内容，做一个对比表"的指令，便可以得到如图 3-21 所示的对比表。

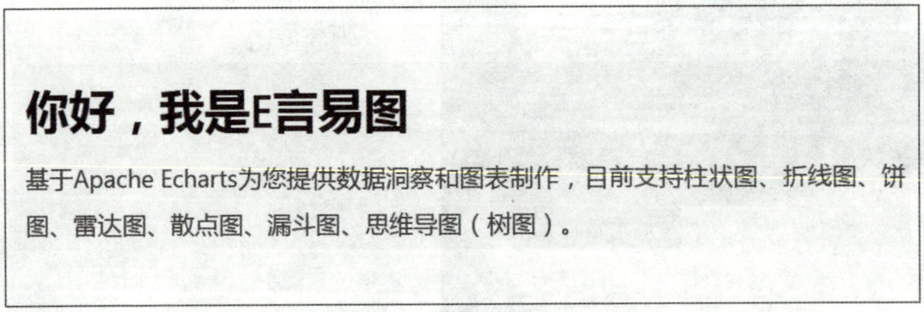

你好，我是E言易图

基于Apache Echarts为您提供数据洞察和图表制作，目前支持柱状图、折线图、饼图、雷达图、散点图、漏斗图、思维导图（树图）。

图 3-20　"E 言易图"智能体

对比项	百草园	三味书屋
环境	景物优美、环境开阔、生活有趣	窄小、单调、沉闷
人物及性格	长妈妈（慈爱、亲切、耐心）	老先生（古板、冷漠、迂腐）
生活	景物优美、故事神奇、捕鸟有趣	枯燥乏味
主题	反映了对自然的热爱、对自由快乐生活的向往、对知识的渴求	表达了对束缚儿童身心发展的封建教育的不满

图 3-21　对比表

制作和人物对话的场景

除了借助 AI 提高课件的制作效率外，还可以借助 AI 创新课件的模式，比如，制作一个和人物对话的场景。

我们需要在手机上下载豆包 APP，下载完成后，进入"发现"页面（图 3-22），在"搜索"栏搜索鲁迅，会出来很多以鲁迅为模板设计的智能体（图 3-23），这些智能体可以看成虚拟的鲁迅，选择其中一个形象后，我们便可以与"鲁迅"对话了（图 3-24）。

例如，我们选择"（充满好奇）面对敌人的追捕打压，您当时害怕过吗？"这个问题后，"鲁迅"立刻回答了我们的问题（图 3-25）。

图 3-22　豆包 APP"发现"界面　　　图 3-23　搜索鲁迅得到的结果

图 3-24　与"鲁迅"的文字对话界面　　图 3-25　"鲁迅"给出的回答

　　上述是文字对话的操作界面，我们还可以点击右上角的"通话"按钮，进入和"鲁迅"的语音对话界面，如图 3-26 所示。在这个界面，学生可以问任何想要问的问题，"鲁迅"都会给出他的回答。

图 3-26　与"鲁迅"的对话界面

　　这个与人物对话的场景可以作为课堂导入，作为吸引学生兴趣和注意力的方式。至于如何将其融入课件，可以在"作者介绍"一页进行投屏操作，将与"鲁迅"的对话界面投屏到页面上，如图 3-27 所示。

作者简介

　　鲁迅（1881—1936），本名周树人，浙江省绍兴市人，伟大的文学家、思想家、革命家。著作有杂文、小说、散文、诗歌等。

　　《从百草园到三味书屋》原名《旧事重提》，写于 1926 年，是一篇回忆童年生活的散文。

　　百草园，绍兴城内鲁迅家房屋后面的园子。三味书屋在鲁迅家附近，鲁迅少年时期（12 岁到 17 岁）在这里读书。

图 3-27　与"鲁迅"的对话界面投屏

　　讲解完课文后，学生会对鲁迅和文章形成更深入的认识，这时，可以再进行一次投屏操作，让学生再一次跟"鲁迅"对话。

3.4 撰写各类发言稿

　　亲爱的老师们，你们是否曾为如何在开学典礼上发表既鼓舞人心又别出心裁的演讲而苦恼？是否为作为教师代表发言时无法找到切入点，展示教师职业的荣耀和责任感而感到懊恼？是否在面对重要会议时，没有灵感和时间来撰写发言稿？AI，现在将是你们的贴心助手，帮助你们解决这些烦恼。教师需要写发言稿的情况有很多，在这里，我们仅列举 3 种情况进行论述。

教师代表在开学典礼上的发言稿

让 AI 撰写发言稿有两种方式：一是直接在对话框中输入指令；二是找到范文，将范文发给 AI 后，让它仿照范文的风格和模式进行撰写。在这里，我们采取的是第二种方式，先用秘塔 AI 搜索搜索一些优秀的范文，图 3-28 是搜索结果。

> **🔗 来源**
>
> 开学典礼教师代表发言稿（通用 28 篇）- 品才网
>
> 开学典礼教师代表讲话稿（精选 13 篇）- 品才网
>
> 开学典礼优秀教师代表发言稿 _ 百度搜索 [2024-09-10]
>
> **开学典礼教师代表发言 - 湖南财政经济学院 - 学生工作部（处）**
>
> 开学典礼优秀教师代表发言稿 [2024-09-10]
>
> 【开学典礼·教师代表发言】做负责任有价值的经管人 - 西南石油大学经济管理学院 [2024-09-18]
>
> 开学典礼教师代表发言稿，7 篇
>
> 【开学典礼】直面"不确定性"——青年教师代表张演锋在国家治理学院 2024 级新生开学典礼上的发言 [2024-09-13]
>
> 教师代表刘川教授在北京大学物理学院 2021 年本科生开学典礼的发言 - 北京大学物理学院成立二十周年
>
> 【2021 开学典礼】教师代表韩庆华：行而不辍 砥砺奋进

图 3-28　秘塔 AI 搜索搜索到的范文

笔者选择了第四篇作文范文，然后将范文发给豆包，并写了下面一段指令：

> 你是一所初中学校的教师代表，需要在开学典礼上发言，请仿照上述发言稿的风格和模式，以"梦想与坚持"为主题写一篇发言稿。

豆包生成的发言稿如下：

> 尊敬的各位领导，亲爱的老师们、同学们：
>
> 大家上午好！
>
> 我是来自（具体学科）的教师（你的名字）。非常荣幸能够作为教师代表

在开学典礼上发言，在此，我向全体新同学表示热烈的欢迎，有了你们的加入，我们的校园将更加充满活力与希望。

在准备发言稿的时候，万千思绪涌上心头，最终我决定围绕"梦想与坚持"这个主题来和大家分享一些感悟。

当我们踏入新的学期，站在新的起点，每个人的心中都怀揣着梦想。梦想，是夜空中最璀璨的星辰，照亮我们前行的道路。它可以是一名科学家，探索未知的世界；可以是一名艺术家，用画笔描绘美好的生活；也可以是一名医生，救死扶伤，守护生命。无论你的梦想是什么，它都是你前进的动力，是你奋斗的目标。

然而，仅有梦想是不够的，梦想的实现需要我们坚持不懈地努力。就像我们熟知的发明电灯的托马斯·阿尔瓦·爱迪生，他在发明电灯的过程中，经历了无数次的失败，但他始终没有放弃，最终成功地发明了电灯，为人类带来了光明。如果爱迪生在遭遇几次失败后就放弃了，那么我们可能现在还生活在黑暗之中。

在我们的学习生活中，也会遇到各种各样的困难和挫折。有时候，我们会遇到一道难题，怎么也解不出来；有时候，我们会在考试中失利，感到沮丧和失落。但是，这些都不能成为我们放弃梦想的理由。我们要像勇敢的战士一样，面对困难，迎难而上，坚持不懈地追求自己的梦想。

在中学阶段，我们的梦想可能会更加具体和明确。我们可能梦想着考上一所好的高中，或者在某个学科上取得优异的成绩。为了实现这些梦想，我们需要制订合理的学习计划，合理安排时间，努力提高自己的学习效率。同时，我们还要积极参加各种课外活动，拓宽自己的视野，培养自己的综合素质。

同学们，坚持是一种品质，一种信念。当你在学习中感到疲惫的时候，当你在遇到困难想要放弃的时候，想一想自己的梦想，它会给你力量，让你重新振作起来。就像那句话说的："成功的路上并不拥挤，因为坚持下来的人并不多。"

作为教师，我们会一直陪伴在你们身边，为你们的梦想助力。我们会用我们的知识和爱心，引导你们成长，帮助你们克服困难。我们会为你们的每一点进步而高兴，为你们的每一次成功而骄傲。

最后，我想对同学们说，勇敢地去追逐自己的梦想吧！无论前方的道路有多么崎岖，只要我们坚持不懈，就一定能够实现自己的梦想。让我们在新的学期里，一起努力，为了我们的梦想而奋斗！

谢谢大家！

发言稿生成后，教师可以进行修改，也可以让豆包对内容进行补充。比如，让豆包在发言稿中增加一些树立梦想和坚持梦想的名人名言，豆包在上述发言稿的第四段和第五段中间增加了下述一段内容：

> "梦想一旦被付诸行动，就会变得神圣。"阿·安·普罗克特的这句名言告诉我们，梦想不仅仅是停留在脑海中的幻想，更需要我们用实际行动去实现它。孙中山先生也说过："吾志所向，一往无前，愈挫愈奋，再接再厉。"在追逐梦想的道路上，我们会遇到各种挫折和困难，但只要我们有坚定的信念和不屈的精神，就一定能够克服困难，实现梦想。

针对增加的内容，教师需要联系上下文，以确保新增的内容不会影响上下文的连贯。

优秀教师发言稿

撰写优秀教师发言稿的操作流程同上，教师可以先在秘塔 AI 搜索上搜索范文，然后将范文传给豆包，并让他仿照范文的模式和风格撰写一篇发言稿。

指令如下：

> 你是一所初中学校的语文教师，评选上了优秀教师，需要在颁奖典礼上发言，请仿照上述发言稿的风格和模式，写一篇发言稿。

豆包生成的发言稿如下：

> 尊敬的各位领导、亲爱的老师们、同学们：
> 大家好！
> 今天，我非常荣幸能够以优秀教师的身份站在这里。首先，请允许我向一直以来关心支持我们教育工作的领导、家长们表示衷心的感谢，向辛勤耕耘、默

默奉献的同事们致以崇高的敬意，向努力拼搏、积极进取的同学们送上最诚挚的祝福。

回首过去，感慨万千。在教育这片热土上，我们挥洒着汗水，奉献着青春。我们见证了一届又一届学生的成长与进步，也收获了无数的感动与喜悦。每一个清晨，我们伴随着第一缕阳光走进校园，用微笑迎接每一个孩子；每一个夜晚，我们在灯光下批改作业，为孩子们的未来精心谋划。我们深知，教育是一份沉甸甸的责任，它关系到每一个孩子的前途和命运，关系到每一个家庭的幸福和希望。

有人说，教师是蜡烛，燃烧自己，照亮别人；有人说，教师是园丁，辛勤耕耘，培育花朵；而我觉得，教师更像是一盏明灯，在黑暗中为孩子们指引前进的方向。我们用爱心、耐心和责任心，去关爱每一个学生，去激发他们的潜能，去帮助他们实现自己的梦想。我们不怕辛苦，不怕困难，因为我们知道，我们的付出是有价值的，我们的努力是有意义的。

同学们，你们是祖国的未来，是民族的希望。在这个充满机遇和挑战的时代，你们肩负着重大的使命。作为你们的老师，我想对你们说：初一的同学们，你们刚刚踏入初中的大门，一切都是那么新鲜和美好。希望你们能尽快适应新的环境，树立远大的理想，养成良好的学习习惯，为今后的学习打下坚实的基础。八年级的同学们，你们已经度过了一年的初中生活，对学习和生活有了一定的了解。希望你们能继续努力，不断进步，为初三的冲刺做好准备。初三的同学们，你们即将面临中考，这是你们人生中的一次重大考验。希望你们能坚定信心，不畏艰难，全力以赴，为自己的梦想而拼搏。相信自己，你们一定能行！

最后，我想用一句话来结束我的发言："教育是一场温暖的修行，是用生命影响生命，用生命温暖生命的过程。"让我们携手共进，为了孩子们的未来，为了教育的明天，努力奋斗！

谢谢大家！

家长会上的发言稿

家长会和上面两种情况不同，需要教师针对本班学生的实际情况进行发言，所以教师可以不上传范文，但需要上传本班学生的基本情况，然后让豆包结合学生情况撰写一篇发言稿。

指令如下：

你是七年级一班的班主任，期中考试结束，需要你针对此次考试结果开一场家长会。请结合本次考试情况写一篇发言稿。此次考试成绩及反映出的问题如下：

在10个班级中，1班总成绩排第6，其中数学单科成绩第3，语文单科第2，英语单科第8，历史单科第7，道德与法治、地理、生物单科都是第8。通过本次考试，暴露出了以下问题：

第一，部分同学仍然沿用了小学的学习方式，仅满足于放学后按时完成作业，不知道如何复习与预习，更不懂得如何拓展和提高。用这种学法来应对科目繁多、难度增加的初中学习，结果自然难以达到预期。

第二，有些同学小学表现不错，入校后却放松了对自己的要求。上课时注意力不集中，交头接耳，乱接老师的话，故意搞怪搞笑，听讲效果差。自习课上自控能力差，也不接受同学和老师的建议和教育，成绩因而出现了大幅度的下滑。

第三，许多同学出现了偏科现象，尤其是英语。对政、史、地、生这几门小学科，学生和家长重视程度不够，上课时学生不认真听讲，听课效率低下，课下又缺乏家长的督促，学生自己也不愿意用心复习，导致这几门科目的成绩普遍不理想。

豆包生成的发言稿如下：

尊敬的各位家长：

大家好！我是七年级一班的班主任。首先，感谢大家在百忙之中抽出时间来参加这次家长会。今天，我们相聚在这里，主要是为了分析期中考试的结果，共同探讨孩子们在学习中存在的问题，以便更好地促进他们的成长和进步。

（1）期中考试成绩分析

在本次期中考试中，我们班在10个班级中的总成绩排名第6。其中，数学单科成绩排名第3，语文单科排名第2，这两科的成绩值得肯定。然而，英语单科排名第8，历史单科排名第7，道法、地理、生物单科都是第8，这些科目的成绩还有很大的提升空间。

（2）考试中暴露出的问题

①学习方法不当

部分同学仍然沿用小学的学习方式，仅满足于放学后按时完成作业，不知道如何复习与预习，更不懂得如何拓展和提高。初中的学习科目繁多、难度增加，这种学习方法显然难以达到预期的效果。我们需要引导孩子们尽快调整学习方法，学会主动学习，提高学习效率。

②学习态度不端正

有些同学小学表现不错，入校后却放松了对自己的要求。上课时注意力不集中，交头接耳，乱接老师的话，故意搞怪搞笑，听讲效果差。自习课上自控能力差，也不接受同学和老师的建议和教育。这样的学习态度必然会导致成绩下滑。我们要关注孩子们的学习态度，及时与他们沟通，帮助他们树立正确的学习观念。

③偏科现象严重

许多同学出现了偏科现象，尤其是英语。对政、史、地、生这几门小学科，学生和家长重视程度不够，上课时学生不认真听讲，听课效率低下，课下又缺乏家长的督促，学生自己也不愿意用心复习，导致这几门科目的成绩普遍不理想。偏科会影响孩子们的总成绩，我们要鼓励孩子们全面发展，对薄弱科目给予更多的关注和努力。

（3）改进措施

①学习方法指导

我会在班级中开展学习方法交流活动，让成绩优秀的同学分享自己的学习经验，帮助其他同学找到适合自己的学习方法。同时，我也会加强对学生的学习指导，引导他们学会复习、预习和拓展知识。

②学习态度教育

我会加强与学生的沟通，了解他们的学习情况和心理状态，及时发现问题并进行教育。同时，也希望家长们能够关注孩子们的学习态度，给予他们正确的引导和鼓励。

③偏科问题解决

对于偏科的同学，我会与各科老师沟通，制订个性化的辅导计划。同时，也希望家长们能够督促孩子们认真对待每一门学科，鼓励他们在薄弱科目上多花时间和精力。

（4）家长的配合

①关注孩子的学习

家长们要关注孩子的学习情况，了解他们的学习进度和成绩变化。可以定期与孩子交流学习心得，帮助他们解决学习中遇到的问题。

②培养良好的学习习惯

家长们要培养孩子良好的学习习惯，如按时完成作业、认真听讲、积极思考等。同时，也要鼓励孩子多读书、多思考，提高他们的综合素质。

③加强与学校的沟通

家长们要加强与学校的沟通，及时了解孩子在学校的表现和学习情况。可以通过家长会、电话、微信等方式与老师保持联系，共同促进孩子的成长。

最后，我相信，在我们的共同努力下，孩子们一定能够克服学习中的困难，取得更好的成绩。谢谢大家！

3.5 策划班级活动

作为教师，尤其是班主任，经常需要策划一些大大小小的班级活动，如果教师已经有了活动主题，可以直接将主题抛给 AI，让它帮你生成一份详细的活动策划方案，如果教师只是有一个大致的方向，可以把这个方向抛给 AI，让它帮你设计一些活动主题。

例如，在国庆节到来之际，你想策划一个班级活动，旨在培养学生的爱国情怀，便可以这样写指令：

你是七年级一班班主任，马上就到国庆节了，请设计一些班级活动主题，目的是加强爱国主义教育，培养学生的爱国情怀。

豆包生成了五个活动主题，并简要列出了活动流程，详细内容如下：

（1）"我与祖国共成长"主题演讲比赛

活动目的：通过演讲的形式，让同学们表达自己对祖国的热爱之情，同时锻炼同学们的语言表达能力和演讲技巧。

活动流程：

①同学们在国庆假期前准备好演讲稿，内容可以围绕祖国的发展、自己与祖国的故事、对祖国未来的展望等方面展开。

②国庆假期结束后，在班级内进行演讲比赛，评选出一、二、三等奖和优秀奖。

③邀请学校领导、老师和家长代表担任评委，为获奖同学颁发证书和奖品。

（2）"红色经典永流传"读书分享会

活动目的：阅读红色经典书籍，了解革命先辈的奋斗历程，传承红色基因，激发同学们的爱国热情。

活动流程：

①老师推荐一些红色经典书籍，如《红岩》《青春之歌》《林海雪原》等，同学们在国庆假期选择一本进行阅读。

②国庆假期结束后，在班级内组织读书分享会，同学们分享自己的读书心得和体会。

③评选出优秀读书心得，在班级内进行展示和交流。

（3）"我为祖国唱赞歌"红歌比赛

活动目的：通过唱红歌的形式，表达同学们对祖国的热爱和祝福，增强班级凝聚力。

活动流程：

①老师选择一些经典的红歌，如《歌唱祖国》《没有共产党就没有新中国》《我和我的祖国》等，同学们在国庆假期前进行练习。

②国庆假期结束后，在班级内进行红歌比赛，评选出一、二、三等奖和优秀奖。

③邀请音乐老师担任评委，为获奖同学颁发证书和奖品。

（4）"祖国在我心中"手抄报比赛

活动目的：通过制作手抄报的形式，让同学们更加深入地了解祖国的历史、文化和成就，培养同学们的动手能力和创新思维。

活动流程：

①同学们在国庆假期前准备好手抄报的材料，内容可以围绕祖国的历史、文化、科技、体育等方面展开。

②国庆假期结束后，在班级内进行手抄报比赛，评选出一、二、三等奖和优秀奖。

③将优秀手抄报在班级内进行展示，供同学们学习和欣赏。

（5）"参观爱国主义教育基地"实践活动

活动目的：实地参观爱国主义教育基地，让同学们亲身感受祖国的历史和文化，增强同学们的民族自豪感和爱国情怀。

活动流程：

①老师和家长代表共同组织同学们参观当地的爱国主义教育基地，如博物馆、纪念馆、烈士陵园等。

②在参观过程中，由讲解员为同学们介绍基地的历史和文化背景，让同学们更加深入地了解祖国的历史和文化。

③参观结束后，同学们可以写一篇参观心得，表达自己的感受和体会。

教师可以让豆包多生成几次，从中选择几个比较满意的选项，然后让学生们投票，共同确定最终的主题。比如，最终确定的主题是"参观爱国主义教育基地"实践活动，下面，教师便可以把这个主题发给豆包，让它制订一份详细的活动策划方案。

指令如下：

你是七年级一班班主任，马上就到国庆节了，你准备组织一场主题为"参观爱国主义教育基地"的实践活动，目的是加强爱国主义教育，培养学生的爱国情怀。请制订一份详细的活动策划方案。

豆包生成的活动方案如下：

《七年级一班"参观爱国主义教育基地"活动策划方案》

（1）活动主题

"传承红色基因，弘扬爱国精神"。

（2）活动目的

在国庆节来临之际，通过组织学生参观爱国主义教育基地，让学生亲身感受祖国的历史和文化，加强爱国主义教育，培养学生的爱国情怀。

（3）活动主体

七年级一班全体学生。

（4）活动时间

国庆假期中的某一天。

（5）活动地点

当地爱国主义教育基地（如博物馆、纪念馆、烈士陵园等）。

（6）前期准备

①与爱国主义教育基地联系，确定参观时间、参观内容及讲解安排，并协商好相关事宜。

②召开班会，向学生介绍本次活动的目的、意义和流程，激发学生的参与热情。

③提醒学生穿着整洁的校服，准备好笔记本和笔，以便记录参观过程中的感受和收获。

④安排好带队老师和家长志愿者，负责学生的安全和秩序维护。

⑤准备一些常用药品和急救设备，以防意外情况发生。

（7）活动流程

①集合与出发

上午 [具体时间]，全体学生在学校操场集合，班主任进行活动前的动员讲话，强调活动纪律和安全注意事项。

按 10 人一组分组，每组安排一名带队老师和家长志愿者，确保学生的安全和活动的秩序。

乘坐大巴车前往爱国主义教育基地。

②参观爱国主义教育基地

到达基地后，由基地讲解员带领学生参观各个展厅，介绍基地的历史背景、重要事件和人物事迹。

学生认真聆听讲解，仔细观察展品，记录下自己的感受和收获。

在参观过程中，带队老师和家长志愿者要时刻关注学生的安全和行为表现，及时提醒学生遵守纪律。

③互动与交流

参观结束后，组织学生进行互动交流。可以让学生分享自己在参观过程中的感受和收获，也可以提出一些问题进行讨论。

邀请基地的工作人员或专家为学生解答问题，进一步加深学生对爱国主义教育的理解和认识。

④总结与返程

班主任对本次活动进行总结，强调爱国主义教育的重要性，鼓励学生将爱国之情转化为实际行动，努力学习，为祖国的繁荣富强贡献自己的力量。

全体学生乘坐大巴车返回学校。

（8）活动后期

①要求学生写一篇参观心得体会，字数不少于[具体字数]，并在班级内进行交流和展示。

②制作活动照片墙或视频，记录活动的精彩瞬间，展示学生的风采和收获。

③对本次活动进行总结和评估，收集学生和家长的反馈意见，为今后的活动提供经验和参考。

（9）注意事项

①严格遵守活动纪律，听从带队老师和家长志愿者的指挥，不得擅自离队。

②爱护基地的设施和展品，不得触摸、损坏或涂鸦。

③注意安全，不得在基地内奔跑、打闹或攀爬。

④文明参观，不得大声喧哗或乱扔垃圾。

⑤如遇紧急情况，要及时向带队老师或家长志愿者报告。

（10）活动预算

①大巴车租赁费用：[具体金额]。

②药品和急救设备费用：[具体金额]。

③其他费用（如制作活动照片墙或视频等）：[具体金额]。

总计：[具体金额]。

方案生成后，教师需结合实际情况把内容补充完整。另外，教师还需对一些细节做出调整，如是否需要安排家长志愿者，是否按照 10 人一组分组。调整好这些细节，一套完整且符合班级实际的活动策划方案便完成了。

第4章

智慧作业，
减负增效

·
·
·

4.1 AI 让作业设计更高效

"双减"是指有效减轻义务教育阶段学生过重的作业负担和校外培训负担。"减"只是手段,目的是让学生有更多的时间去发掘自己的兴趣爱好,去进行自主学习和课外活动,最终促进学生的综合素养的发展。由此可见,减少作业负担并不是直接减少作业量就算完成任务,而是要在减少作业量的同时提高作业质量,从而帮助学生更高效地掌握知识与技能。要实现这一点,有两种方式供教师选择:一是从题库(或传统的习题册)中挑选优质的习题;二是教师结合本节课的重点及学生课上表现情况设计习题。在 AI 没有出现之前,第二种方式十分耗费时间和精力,而有了 AI,教师便可以用 AI 辅助自己设计习题,从而极大提高作业设计效率。

例如,在学完《从百草园到三味书屋》这篇课文后,为了让学生更好地理解这篇课文,加深对文中描绘的童年生活、自然环境和学校生活的感受,掌握文章的主题思想,提高阅读理解能力和鉴赏能力,可以设计如下一个指令:

> 你是七年级语文老师,讲完《从百草园到三味书屋》这篇课文后,你需要设计一个课后作业,作业目标是帮助学生更好地理解鲁迅先生的《从百草园到三味书屋》这篇文章,加深对文中描绘的童年生活、自然环境和学校生活的感受,掌握文章的主题思想,提高阅读理解和文学鉴赏能力。

我们选择的是通义千问,在智能体模块搜索"作业设计",通义千问给出了15 个和"作业设计"相关的智能体,如图 4-1 所示。

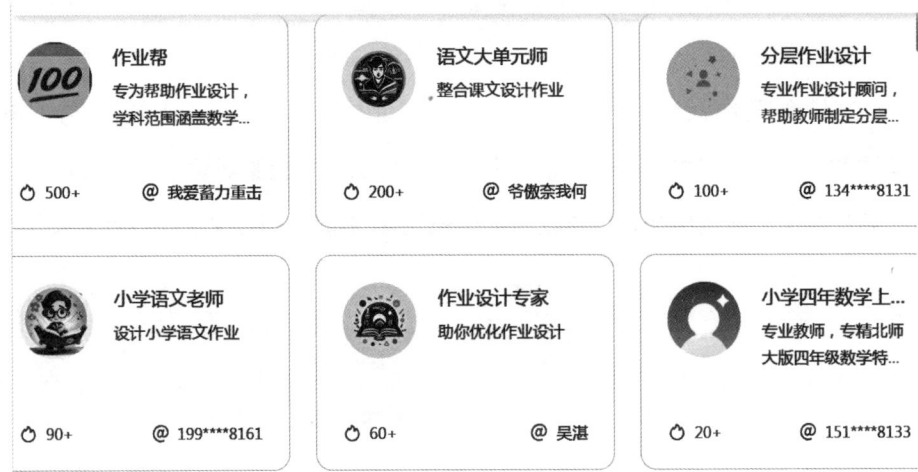

图 4-1　和"作业设计"有关的智能体

　　我们选择第一个智能体——"作业帮"，发送上述指令后，"作业帮"给出的作业设计如下：

　　好的，以下是为学生们设计的《从百草园到三味书屋》一文的课后作业，旨在帮助大家更深入地理解课文，并提升大家的阅读理解与文学鉴赏水平：

作业一：人物形象分析。

描述一下文中的"先生"形象，你觉得他是一个怎样的人？

鲁迅在文中提到自己对学习的态度发生了变化，请举例说明这种变化。

作业二：写景手法赏析。

文章中有许多关于自然景色的描写，请找出一处并分析其表达效果。

比较百草园与三味书屋两处景色描写的不同之处，说说作者这样写的用意是什么？

作业三：主题思想探究。

结合全文思考，《从百草园到三味书屋》表达了作者什么样的思想感情？

通过本文的学习，你觉得我们应该怎样看待自己的童年时光？

作业四：创意写作。

假设你是鲁迅，现在正在三味书屋里读书，给远在他乡的父亲写一封信，告诉他你在三味书屋的生活状况及自己内心的感受。

我这些作业不一定都能满足要求，教师可以让 AI 多设计一些作业，从中选出一些质量较高的作业。

除了结合课文设计作业外，教师还可以结合时事设计作业，让学生在学习知识的同时，也能够了解一些时事。例如，针对 2024 年巴黎奥运会的获奖情况及中国健儿体现的奥运精神，英语教师可以先让 AI 生成一篇短文，指令参考如下：

> 列出中国在巴黎奥运会取得的成绩，并结合中国健儿在奥运会上体现的体育精神，写一篇短文。

通义千问生成的短文如下：

> 在 2024 年的巴黎奥运会上，中国体育代表团取得了骄人的成绩，共收获了 40 枚金牌、27 枚银牌及 24 枚铜牌，金牌数量与美国并列榜首，这标志着中国运动员在国际体育赛事中的又一次飞跃。这次参赛不仅刷新了中国在境外举办的奥运会上的最佳战绩，更是中国体育精神的一次全面展示。
>
> （1）顽强拼搏 勇攀高峰
>
> 在每一个比赛项目中，我们都能看到中国健儿们顽强拼搏的身影。射击、跳水、游泳等项目中，他们凭借精湛的技术和坚定的意志力，一次又一次地刷新了纪录。这种不畏艰难险阻、勇于挑战自我的精神，正是中国运动员身上最为闪耀的光芒。
>
> （2）团结协作 共同奋进
>
> 在团队项目中，中国健儿展现了高度的默契与协作能力。不论是篮球、排球等集体项目，还是双人跳水这样的组合项目，运动员之间彼此信任，相互支持，共同为团队的胜利而奋斗。这种团结协作的力量，不仅提升了队伍的整体实力，也让观众见证了团队合作的无限魅力。
>
> （3）尊重对手 传递友谊
>
> 除了赛场上的激烈竞争外，中国运动员还展示了对对手的尊重及对友谊的珍视。在许多比赛中，我们看到了中国选手与来自不同国家的运动员之间的友好互动，这些瞬间成为奥林匹克精神的真实写照，传递了和平与友谊的美好信息。

（4）追求卓越 不断创新

中国健儿不仅在赛场上追求卓越的成绩，在训练过程中也同样不懈探索新的训练方法和技术策略。通过不断地尝试与实践，他们努力提升自身的竞技水平，为国家赢得了荣誉的同时，也为后来者树立了榜样。

这些成绩的背后，是中国体育健儿日复一日的努力和付出，是对体育精神的深刻理解和践行。他们用自己的行动诠释了"为国争光、无私奉献、科学求实、遵纪守法、团结协作、顽强拼搏"的中华体育精神，激励着每一位体育爱好者向着更高的目标迈进。这份荣耀不仅仅是属于中国健儿的，更是属于整个中华民族的。

短文生成后，让通义千问将短文翻译成英文，指令如下：

把这篇短文的内容翻译成英文，并精简到 300 词左右，我的学生是九年级的，我希望简化后的英文短文可以用来做阅读理解题的原文，文章难度为中等。

通义千问翻译后的英文文章如下：

During the 2024 Paris Olympics, China's national team achieved remarkable success with 40 gold medals, 27 silver medals, and 24 bronze medals, tying with the United States for the most gold medals. This outstanding performance set a new record for China's best performance in an overseas Olympic Games.

（1）Perseverance and Striving for Excellence

In every event, Chinese athletes demonstrated perseverance and a strong will to succeed. In shooting, diving, swimming, and other events, they broke records with their skills and determination. This spirit of bravery in facing challenges and self-improvement is a shining highlight of Chinese athletes.

（2）Teamwork and Mutual Support

In team sports like basketball, volleyball, and football, as well as synchronized diving, the unity and cooperation among athletes were evident. They trusted each other and worked together towards victory. This teamwork not only strengthened the team but also showed the power of collective effort.

（3）Respect for Opponents and Promotion of Friendship

Beyond competition, Chinese athletes showed respect for their opponents and cherished friendship. Many instances saw Chinese players interacting amicably with athletes from different countries, embodying the true spirit of the Olympics and spreading messages of peace and friendship.

（4）Striving for Excellence and Continuous Innovation

Chinese athletes pursued excellence not only during competitions but also in training by exploring new methods and strategies. Through constant experimentation and practice, they improved their athletic abilities, setting examples for future generations.

These achievements reflect the hard work and dedication of Chinese athletes, embodying the spirit of "striving for glory, selfless dedication, scientific rigor, abiding by rules, teamwork, and perseverance." Their actions have not only brought honor to China but also inspired everyone to reach higher goals. This glory belongs not just to the athletes but to the whole nation.

有了英文文章后，让通义千问结合这篇文章出 5 道阅读理解题，指令如下：

请结合这篇英文文章出 5 道阅读理解题，具体如下：

第 1 道：词义猜测题

第 2 道：推理判断题

第 3 道：文章结构题

第 4 道：句子理解题

第 5 道：主旨大意题

注意，这 5 道题的难度要符合九年级学生的水平。

通义千问生成的五道题如下：

（1）Word Meaning（词义猜测题）

The word "perseverance" in the second paragraph probably means:

A. The ability to break records.

B. The willingness to keep trying even when things are hard.

C. The skill to perform well in sports.

D. The strength to compete against others.

（2）Inference（推理判断题）

According to the passage, what can we infer about Chinese athletes?

A. They only won gold medals.

B. They only competed in individual sports.

C. They worked together and supported each other.

D. They did not show respect to their opponents.

（3）Text Structure（文章结构题）

Which of the following best describes the structure of the passage?

A. It talks about the medals first, then explains why they are important.

B. It begins with the achievements, then talks about the athletes' qualities, and ends with a conclusion.

C. It lists the medals first, then describes the athletes' training routines.

D. It starts with a story, then gives facts, and ends with opinions.

（4）Sentence Comprehension（句子理解题）

The sentence "This spirit of bravery in facing challenges and self-improvement is a shining highlight of Chinese athletes." tells us that:

A. Chinese athletes are brave and always try to get better.

B. Chinese athletes are only good at breaking records.

C. Chinese athletes never face any problems.

D. Chinese athletes are less skilled than others.

（5）Main Idea（主旨大意题）

What is the main point of the passage?

A. To list the medals China won in the Paris Olympics.

B. To show how Chinese athletes performed well and showed good sportsmanship in the Paris Olympics.

C. To compare the performance of Chinese athletes with those of other countries.

D. To explain the training methods used by Chinese athletes.

这种作业设计方式也可以用于找不到适合新教材习题的情况，但需要教师做好质量把控。

4.2 分层作业：满足不同水平学生的学习需求

分层作业是一种能够有效适应不同水平学生学习需求的教学策略，但教师也需要为此投入更多的时间和精力。而有了 AI 的辅助，教师设计分层作业的负担便可以得到一定程度减轻。

设计分层作业的方式有两个：一是在各 AI 工具的智能体里搜索"作业设计"或"分层作业"等关键词，教师从中选择一个智能体，按照要求写出指令；二是在 AI 主页对话框输入详细的指令，这种方式的要求是指令一定要详细，这样 AI 给出的作业设计才更可能满足教师的需求。

通过智能体设计分层作业

第二章提到的 5 个 AI 工具，通义千问、豆包和讯飞星火这 3 个 AI 工具可以在智能体模块中找到分层作业相关的智能体，所以针对这种方式，我们依次论述如何借助这 3 种 AI 工具进行分层作业设计。

1. 通义千问

在通义千问智能体模块搜索"分层作业"，共有 3 个相关的智能体，如图 4-2 所示。

图 4-2　分层作业相关的智能体

选择第一个智能体，界面提示如图 4-3 所示：

图 4-3　"分层作业设计"智能体界面提示

该界面展示的提示指令比较简单，所以需要教师自己设计指令。例如，针对人教版七年级数学第一章第三节"有理数的加减法"一课，我们设计了如下一条指令：

> 针对人教版七年级数学第一章第三节"有理数的加减法"一课，设计分层作业。

通义千问生成的分层作业如下：

（1）基础级作业（适合大部分学生）

这一级别的作业旨在帮助学生熟悉有理数加减法的基本规则，并能够正确地完成简单的计算题。

练习题目：

①计算：$(-3)+(+5)=$？

②计算：$(+7)-(-2)=$？

③计算：$(-4)+(-6)=$？

④计算：$(+9)-(+3)=$？

⑤两个负数相加，结果会是什么样的？请举例说明。

⑥一个正数减去另一个正数，结果可能是正数也可能是负数，请解释为什么？

（2）进阶级作业（适合已经掌握了基础知识并寻求进一步提高的学生）

这个层次的作业要求学生能够运用所学知识解决稍微复杂一点的问题，并开始尝试理解有理数加减法背后的逻辑。

练习题目：

①如果 a 是一个正数，b 是一个负数，且 $a > |6|$，那么 $a + b$ 的结果是什么样的？给出一个具体的例子。

②当一个较大的负数减去一个小的正数时，结果会怎样？请通过计算 $(-10)-(+3)$ 来验证你的答案。

③你能找出一个既可以用加法也可以用减法表达的例子吗？比如 $(-5)+(-3)=(-5)-(+3)$，请再举一个类似的例子。

④证明：对于任意两个有理数 x 和 y，$x+y=y+x$（交换律）。

（3）挑战级作业（适合那些已经完全掌握了概念并且愿意接受更具挑战性的任务的学生）

在这个层次上，我们鼓励学生探索更深层次的概念，如利用有理数加减法解决实际问题，或是研究一些相关的扩展知识点。

练习题目：

①小华在海拔 $+500$ 米的地方，然后下降到了海拔 -200 米的位置，请计算他下降了多少米？如果他继续向下降 300 米，那么他将会到达哪里？

②研究并总结：当两个有理数相加时，它们的符号是如何影响最终结果的？试着列出所有可能的情况，并给出相应的例子。

③利用有理数加减法，设计一个简单的游戏或情景模拟，让其他同学通过解决其中的数学问题来获得乐趣。

④探索并解释：为什么 $(-a)+a=0$，这里 a 是非零有理数。试着从不同的角度来证明这一点。

⑤对于给定的一组有理数，能否找到一种方法快速判断出它们相加的结果是正数还是负数？如果可以，请阐述你的方法。

2. 豆包

和通义千问相比，在豆包中搜索到的和分层作业相关的智能体更多一些，如图 4-4 所示。

图 4-4　分层作业相关的智能体（部分）

选择第一个智能体，界面提示如图 4-5 所示：

分层作业设计师

🔥 941 人聊过 · 创建人 @jowa

添加到对话

欢迎来到分层作业设计。请您提供年级、学科、主题、以及教学目标（如：初三物理，光的直线传播，教学目标：XXXX）

🔊 📋 …

图 4-5 "分层作业设计师"智能体界面提示

教师可以参考提示的模板，设计如下指令：

> 如七年级数学，有理数的加减法，教学目标是熟记有理数的加减法法则，能熟练进行有理数加减法运算。

豆包生成的分层作业如下：

难度等级一：基础事实识记题

（1）有理数加法法则有哪些内容，请简要回答。

（2）计算：3+(-2)=？

（3）-4+5=？

（4）说出有理数加法中互为相反数的两个数相加的结果。

（5）简述有理数减法如何转化为加法。

难度等级二：生活情境应用题

（1）小明在银行存入 500 元，记作 +500 元，后来又取出 300 元，用有理数加减法表示现在小明的存款情况。

（2）某天的气温早上是 5 ℃，中午上升了 3 ℃，下午又下降了 4 ℃，求下午的气温，用有理数加减法计算。

（3）一辆汽车先向东行驶了 80 千米，记作 +80 千米，接着向西行驶了 50 千米，用有理数加减法表示汽车现在的位置。

（4）小敏在超市购物，先花了 20 元，又得到了 10 元的优惠券，用有理数加减法表示小敏现在的消费情况。

（5）水位先上升了 2 米，记作 +2 米，又下降了 1 米，求现在的水位，用有理数加减法计算。

难度等级三：思维品质和实践导向题

（1）设计一个实际问题情境，需要用到多次有理数的加减法运算才能解决，并且要体现出不同运算结果的实际意义。

（2）从数轴的角度分析有理数加减法的本质，并举例说明。

（3）给出 3 个有理数，通过不同的加减法组合，使得结果最大和最小，并说明理由。

（4）探讨有理数加减法在解决物流运输路线规划问题中的应用，给出具体案例并分析。

（5）假设一个公司的盈利和亏损情况用有理数表示，设计一种方案使得公司在一定时间内实现盈利最大化，运用有理数加减法进行分析。

3. 讯飞星火

在讯飞星火智能体模块搜索"分层作业"，只有一个针对小学数学分层作业的智能体，界面提示如图 4-6 所示。

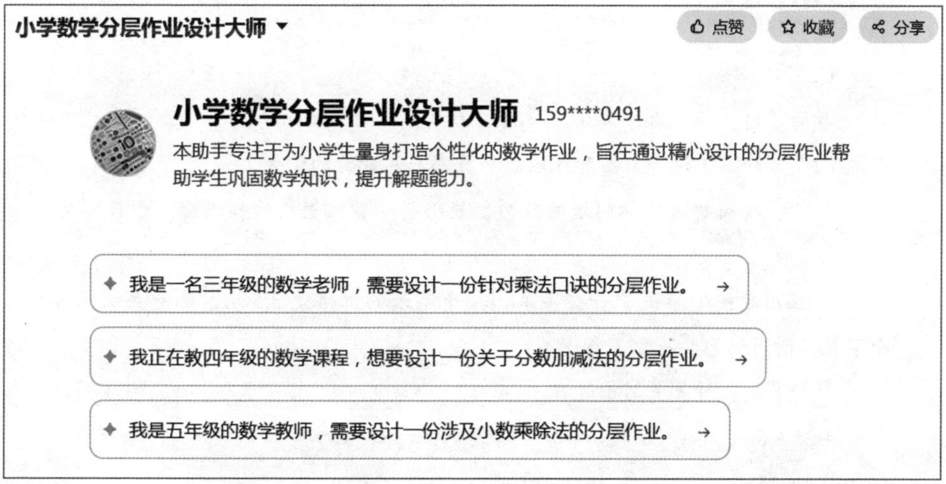

小学数学分层作业设计大师 ▾　　　🖒 点赞　　☆ 收藏　　⌁ 分享

小学数学分层作业设计大师 159****0491

本助手专注于为小学生量身打造个性化的数学作业，旨在通过精心设计的分层作业帮助学生巩固数学知识，提升解题能力。

◆ 我是一名三年级的数学老师，需要设计一份针对乘法口诀的分层作业。　→

◆ 我正在教四年级的数学课程，想要设计一份关于分数加减法的分层作业。　→

◆ 我是五年级的数学教师，需要设计一份涉及小数乘除法的分层作业。　→

图 4-6　"小学数学分层作业设计大师"智能体界面提示

小学数学教师可以参考提示的模板，设计如下指令：

我是一名五年级数学老师，需要设计一份关于小数乘整数的分层作业。

讯飞星火生成的分层作业如下：

（1）基础层（适合掌握基本概念的学生）

目标：巩固小数乘整数的基本计算方法，理解小数点的位置变化规律。

①填空题：完成下列各题，注意小数点的位置。

$0.5 \times 3 =$

$2.4 \times 4 =$

$1.75 \times 5 =$

②选择题：选择正确的答案。

$0.6 \times 10 =$

A. 6

B. 0.6

C. 60

$3.2 \times 3 =$

A. 9.6

B. 0.96

C. 32

③简答题：解释为什么 $0.7 \times 100 = 70$。

（2）进阶层（适合需要加深理解和提高应用能力的学生）

目标：提高解决实际问题的能力，能够将小数乘整数的知识应用于日常生活中。

①应用题：小华买了一些苹果，每个苹果的价格是 2.5 元，他一共买了 8 个苹果，请问他总共花费了多少元？

②计算题：计算并写出过程。

$1.25 \times 8 =$

$0.4 \times 15 =$

$2.7 \times 6 =$

③探究题：如果一个数乘以 10，小数点如何移动？如果乘以 100 呢？请举例说明。

（3）挑战层（适合已经熟练掌握并能进行复杂计算的学生）

目标：培养学生的创新思维和解决复杂问题的能力。

①综合题：小明有一块长方形的木板，长是 1.2 米，宽是 0.8 米。他想给木板涂上油漆，每平方米需要用 0.3 升油漆。请问他至少需要准备多少升油漆？

②拓展题：如果一个小数乘以一个整数后，结果是一个小数，那么这个小数可能是多少？（提示：考虑小数点的位置）

③创新题：设计一个问题，让其他同学解答，要求使用到小数乘整数的知识。

通过与分层作业相关的智能体设计分层作业，优点是指令不用写得太详细，缺点是针对性可能会有所欠缺，需要教师结合教材内容对智能体设计出来的习题进行修改或挑选，从而使最终形成的作业既满足分层要求，又与教材内容相匹配。

通过在对话框输入指令设计分层作业

这种方式需要教师设计出详细的指令，让 AI 理解分层的要求，它才有可能设计出满足要求的分层作用。为了提高 AI 设计的作业的准确性，教师可以提前将自己的教学课件发送给 AI，然后再发送相应的指令。

在此，我们以文心一言为例，针对初中化学"制取氧气"一课设计了如下指令：

这是初中化学"制取氧气"一课的课件，请结合课件内容设计分层作业，以满足不同水平学生的学习需求。作业包括三个类别：基础性作业（10 道，为必做题）、探究性作业（分两个难度等级，难度等级一 3 道，为必做题；难度等级二 3 道，为选做题）和实践性作业（1 道，为选做题）。

文心一言生成的分层作业如下：

（1）基础性作业（10 道，必做题）

①填空题：

实验室制取氧气主要有 _____、_____、_____三种方法。

高锰酸钾制取氧气的文字表达式 _____ 和符号表达式 _____。

加热高锰酸钾制取氧气时，试管口 _____要略向下倾斜。

②选择题：

工业上制取大量氧气的主要方法是（　　）。

A. 加热氯酸钾

B. 加热高锰酸钾

C. 分离液态空气

D. 加热二氧化锰

检查装置气密性的正确方法是（　　）。

A. 直接点燃酒精灯观察是否有气泡

B. 将导管伸入水中，用手紧握试管

C. 先将导管插入水中，再加热试管

D. 无须检查，直接进行实验

③简答题：

描述实验室用高锰酸钾制取氧气的实验步骤。

如何检验一瓶气体是氧气？

收集氧气时，为什么要在气泡连续并均匀放出时才开始收集？

④判断题：

实验结束时应先熄灭酒精灯，再撤导管。（　　）

加热氯酸钾和二氧化锰混合物制取氧气时，二氧化锰是反应物之一。（　　）

（1）探究性作业

难度等级一（3 道，必做题）

①实验设计题

设计一个实验，探究过氧化氢溶液在不同浓度的催化剂（如二氧化锰、氧化铜）作用下分解速率的差异。

②数据分析题

通过实验记录，分析高锰酸钾制取氧气时，加热时间对产氧量的影响，并绘制图表展示。

③对比研究题

比较加热氯酸钾、高锰酸钾、过氧化氢三种方法制取氧气的优缺点，并给出适用场景。

难度等级二（3 道，选做题）

①拓展研究题

研究不同温度下，过氧化氢溶液分解速率的变化，并尝试解释原因。

②综合应用题

设计一个综合性的实验，同时采用高锰酸钾和过氧化氢两种方法制取氧气，并比较两者的效率与成本。

③创新实验题

利用家庭常见物品（如小苏打、醋等），尝试设计一种简易的制取氧气方法，并描述其实验步骤和现象。

（3）实践性作业（1 道，选做题）

家庭小实验：

利用家中可获得的材料（如酵母粉、糖、温水等），制作一个简易的氧气发生器，并观察其产生氧气的现象。记录实验过程、观察到的现象以及可能的化学原理。要求拍摄实验照片或视频作为实验报告的一部分。

目的：通过实践操作，加深学生对氧气制取原理的理解，同时培养他们的动手能力和科学探究精神。

在作业设计这件事上，AI 大多无法一次性满足教师的要求，或者是作业设计得不够合理，如偏离了实际，或者是题型安排与要求不符，出现这种情况时，教师可以让 AI 多生成几次，然后从中选择符合实际和要求的题型。此外，针对化学、物理这类学科，AI 无法生成实验装置图，所以还需要教师在 AI 生成的题型中补充该类题型。

4.3 用 AI 丰富作业形式

在"双减"和新课标背景下，设计多元化的作业成了一项重要课题，而 AI 的出现为这项课题的落实带来了更多的可能性。

AI 答题，学生做出判断

前面介绍豆包时，简要介绍了它的"解题答疑"功能，教师可以利用这项功能，将课后作业的形式从学生答题转变为 AI 答题，然后让学生去判断 AI 的解答是否正确。这种作业形式不仅可以帮助学生巩固知识，还有助于锻炼学生以下几项能力。

1. 批判性思维

学生需要对给定的答案进行分析和评估，思考答案的合理性、准确性。这促使他们不盲目接受现成的结论，而是以质疑的态度去审视，从而培养批判性思维能力。例如，在数学题中，学生要判断一个复杂的解题步骤是否正确，就需要仔细分析每一步的逻辑是否严密，有没有错误的推导或计算失误。

2. 逻辑思维

判断答案正确与否要求学生运用逻辑推理。他们要根据所学的知识和原理，分析答案与问题之间的逻辑关系是否成立。例如，在物理问题中，学生要根据物理定律和公式，判断给出的答案在逻辑上是否符合问题的条件和要求。

3. 知识迁移能力

学生在判断答案的过程中，可能需要将所学的知识应用到不同的情境中，或者从不同的角度去思考问题，从而锻炼知识迁移能力。例如，在语文阅读理解中，给定一个对文章的分析答案，学生要能够将平时学到的阅读技巧和文学知识迁移过来，判断该答案是否准确地把握了文章的主旨和细节。

采取这一作业形式时，教师可以明确告诉学生这些问题 AI 已经做出了解答，但他们需要判断的不仅仅是答案是否正确，还要判断解题过程是否正确，所应用的知识是否与教材相匹配。如果解答出现错误，需要对错误进行改正，如果解答正确，需要学生写出解答本题的关键。

比如，针对数学科目，我们以八年级上册"轴对称"一课为例，找到了一个考查轴对称和全等三角形这两个知识点的习题，如图 4-7 所示。

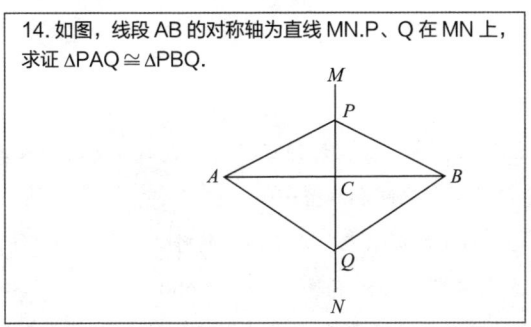

14. 如图，线段 AB 的对称轴为直线 MN.P、Q 在 MN 上，求证 △PAQ ≅ △PBQ.

图 4-7　八年级上册"轴对称"一课习题

将习题上传到豆包后，它很快给出了答案和解析，如图 4-8 所示。

答案

【解析】∵ 线段AB的对称轴为直线MN,即直线MN垂直平分线段AB,

∴ $AP = BP$, $AQ = BQ$,

在△PAQ与△PBQ中，$AP = BP$, $PQ=PQ$, $AQ=BQ$, ∴ △PAQ ≅ △PBQ(SSS)。

💡 **解析**

分析

利用线段对称轴的性质得到线段相等，再依据全等三角形的判定定理SSS（边边边）来证明两个三角形全等。

详解

证明线段相等

因为线段AB的对称轴为直线MN，所以直线MN垂直平分线段AB。根据垂直平分线的性质，垂直平分线上的点到线段两端的距离相等，所以(AP=BP)，(AQ=BQ)。

证明三角形全等

在(△PAQ)与(△PBQ)中，有(AP=BP)，(PQ=PQ)（公共边），(AQ=BQ)。满足全等三角形的判定定理SSS（边边边），所以(△PAQ\cong △PBQ)。

图 4-8　习题的答案和解析

有了答案和解析后，教师需要进行判断，如果无误，只需要将答案摘抄到习题下，判断以及分析工作留给学生去做。如果豆包的正确率很高，教师需要修改答案，设计一些"陷阱"，避免学生出现"豆包正确率高"的思维定式。

让学生给 AI 作文打分

针对语文科目，教师可以让 AI 写一篇作文，然后让学生打分。我们发给豆包如下一条写作指令：

> 生活中的任何人、事、物、景都可以成为我们心里的那束光，指引我们走出黑暗与迷茫，给予我们温暖和希望……
>
> 请以"你是我心里的那束光"为题写一篇作文。
>
> 要求：①立意自定，文体不限，不少于 600 字。②内容具体，选材得当，中心明确，有真情实感。③凡涉及真实的人名、校名、地名，一律用 A、B、C 等代替。
>
> 你是一位七年级的学生，请按照上述要求写一篇作文。

豆包生成的作文如下：

> ### 你是我心里的那束光
>
> 在记忆的长河中，总有一些人如同璀璨的星光，照亮我们前行的道路。于我而言，你就是我心里的那束光，温暖而明亮，引领我走出黑暗与迷茫，给予我无尽的温暖和希望。
>
> 初次遇见你，是在新学期的开始。阳光透过斑驳的树叶，洒在校园的小径上，我怀着忐忑的心情走进新的班级。面对陌生的环境和同学，我有些不知所措，默默地坐在角落里。就在这时，你微笑着向我走来，你的笑容如同春日的阳光，温暖而灿烂。你主动和我打招呼，热情地介绍自己，那一刻，我心中的不安渐渐消散。

你是一个非常乐观开朗的人，无论遇到什么困难，总是能积极面对。记得有一次考试，我因为成绩不理想而心情低落，觉得自己很失败。你发现了我的异样，轻轻地拍了拍我的肩膀，说："一次考试失败算不了什么，只要我们努力，下次一定会进步的。你要相信自己，你是最棒的！"你的话语如同春风拂面，让我重新燃起了信心。在你的鼓励下，我认真分析错题，努力学习，终于在下次考试中取得了进步。

你还是一个非常善良的人，总是乐于助人。每当同学们遇到困难时，你总是第一个伸出援手。有一次，班上的一位同学不小心摔倒了，膝盖擦破了皮，你毫不犹豫地跑过去，扶起他，关切地询问他的伤势，并带他去医务室处理伤口。你的善良和热心感染了身边的每一个人，大家都非常喜欢你。

除了在学习和生活上给予我帮助，你还在兴趣爱好上影响着我。你热爱阅读，经常和我分享你读过的好书。在你的影响下，我也渐渐爱上了阅读。我们一起在书的海洋里遨游，领略着不同的世界和人生。阅读让我开阔了视野，增长了知识，也让我变得更加自信和开朗。

在与你相处的日子里，我变得越来越积极向上，也学会了如何去关心和帮助他人。你就像一束光，照亮了我内心的每一个角落，让我感受到了温暖和力量。

如今，我们虽然不在同一个班级，但我们的友谊依然深厚。每当我遇到困难时，我都会想起你，想起你那温暖的笑容和鼓励的话语。你是我心里的那束光，永远不会熄灭。我会带着你的温暖和力量，勇敢地面对生活中的一切挑战，努力成为更好的自己。

谢谢你，我的朋友！你是我生命中最珍贵的礼物，我会永远珍惜这份友谊。

愿我们的未来都充满阳光，愿我们的梦想都能实现。你是我心里的那束光，照亮我前行的路，让我在人生的旅途中不再迷茫。我会沿着这束光，一直走下去，走向属于我们的美好未来。

作文生成后，教师可以先阅读一遍，然后列出评分标准，让学生参考评分标准给作文打分。下面是针对这篇作文列出的评分标准。

一档（45～50分）

主题立意：主题深刻、鲜明，紧扣"你是我心里的那束光"，立意高远，能引发读者深入思考。

内容结构：内容丰富具体，选材新颖得当，细节描写生动细腻；结构严谨，层次分明，过渡自然。

语言表达：语言优美流畅，富有文采，修辞手法运用恰当，无错别字和语病。

情感真挚：情感真挚强烈，能引起读者共鸣。

二档（40 ～ 44 分）

主题立意：主题明确，较好地体现"你是我心里的那束光"，立意较深刻。

内容结构：内容比较充实，选材合理，有一定的细节描写；结构清晰，层次较为分明。

语言表达：语言通顺，有一定的文采，修辞手法运用较恰当，错别字和语病较少。

情感真挚：情感真实，有一定的感染力。

三档（35 ～ 39 分）

主题立意：主题基本明确，能围绕"你是我心里的那束光"展开，但立意较普通。

内容结构：内容较为具体，选材一般，细节描写不足；结构基本合理，层次较清楚。

语言表达：语言较通顺，文采一般，有少量错别字和语病。

情感真挚：情感较真实，但感染力不足。

四档（30 ～ 34 分）

主题立意：主题不够明确，对"你是我心里的那束光"的体现不充分，立意浅显。

内容结构：内容较单薄，选材不当，缺乏细节描写；结构较混乱，层次不清晰。

语言表达：语言基本通顺，文采较差，错别字和语病较多。

情感真挚：情感不够真实，难以引起共鸣。

五档（30 分以下）

主题立意：主题不明确，完全偏离"你是我心里的那束光"，立意错误。

内容结构：内容空洞无物，选材不合理，无细节描写；结构混乱，无层次可言。

语言表达：语言不通顺，语病和错别字多，毫无文采。

情感真挚：情感虚假，毫无感染力。

　　教师也可以不列出评分标准，让学生自主打分，但要说明这样打分的理由。当然，采取第一种打分方式时，也可以给学生留出自由评分的空间，只要学生能够说明理由即可。

让学生与 AI 进行辩论

　　AI 具有强大的自然语言理解和生成能力，所以教师可以让学生与 AI 针对某个主题进行辩论，以此来锻炼学生的逻辑思维能力和表达能力。当然，如果辩论的主题与课本知识相关，还可以帮助学生巩固所学知识。

　　比如，在历史学科中，因为很多历史事件都具有双面性，所以教师可以让学生针对这些历史事件与 AI 进行辩论，这样既可以让学生对该历史事件形成更深刻的认识，还可以在一定程度上促进学生辩证思维的发展。

　　以七年级历史上册的"秦统一中国"和"秦末农民起义"这两课为例，教师可以让学生与 AI 针对"秦始皇是千古一帝还是暴君"进行辩论。下面，笔者便针对这个主题与 AI（此次选用的 AI 工具是通义千问）展开辩论，辩论结果仅做效果展示用。

　　我：我是一名七年级学生，现在要与你针对"秦始皇是千古一帝还是暴君"开展一场辩论赛，你的观点是"秦始皇是千古一帝"，我的观点是"秦始皇是暴君"，现在，请你先阐述你的观点。

> 通义千问：作为认为"秦始皇是千古一帝"的一方，我们可以从以下几个方面来支持我们的观点：
>
> （1）统一六国
>
> 秦始皇通过一系列军事征服，结束了战国时期的长期分裂局面，实现了中国历史上的首次大统一。这一成就对于形成中华民族的统一意识具有极其重要的意义。
>
> （2）推行郡县制
>
> 秦始皇废除了封建制度，实行了中央集权的郡县制，加强了中央对地方的控制，为后世的政治体制奠定了基础。
>
> （3）统一度量衡与文字
>
> 秦始皇统一了全国的文字（小篆）、度量衡及货币等，这不仅方便了各地之间的交流，也促进了经济的发展。
>
> （4）建设基础设施
>
> 他下令修建了万里长城，虽然工程浩大且劳民伤财，但它在防御北方游牧民族入侵方面发挥了重要作用，并成为中华民族的象征之一。此外，他还修建了驰道，改善了交通状况。
>
> （5）文化与知识的整理
>
> 秦始皇时期虽然有焚书坑儒事件发生，但在其他方面也有积极的文化贡献，如编纂史记等文献，为后人保留了大量历史资料。

我：作为认为"秦始皇是暴君的一方"，我将从以下几个方面来支持我们的观点：

1. 严苛的法律与残酷的刑罚

秦始皇推行了严苛的秦法，如连坐法、族诛等，这些法律不仅处罚犯罪者本人，还牵连其亲属乃至整个家族。秦朝的刑罚也极其残酷，如车裂、腰斩、活埋等，这些手段加剧了社会的恐惧与不安。

2. 沉重的徭役与赋税

为了修建万里长城、阿房宫等大型工程，秦始皇征发了大量民夫，导致民间劳动力严重不足，农业生产受到严重影响。沉重的赋税也让百姓生活困苦，加剧了社会矛盾。

3. 焚书坑儒

虽然你提到了秦始皇时期的文化整理工作，但不可忽视的是焚书坑儒这一历史事件。秦始皇为了巩固自己的统治，下令焚烧除医药、卜筮、种树之书以外的所有书籍，并坑杀了大量儒生和方士。

4. 统治手段残暴，缺乏民本思想

秦始皇在统治时期，往往采用高压手段，对异己进行残酷镇压，缺乏对民众基本权利的尊重和保护。他忽视了民生疾苦，只关注自己的权威和享乐。

综上所述，我认为秦始皇虽然在中国历史上留下了深刻的印记，但他的统治方式过于残暴，缺乏民本思想，对民众造成了深重的灾难。因此，我坚持认为"秦始皇是暴君"。

通义千问：你的论据非常有力地论证了秦始皇作为一位暴君的一面。现在，让我们继续从"千古一帝"的角度进行回应：

（1）严苛的法律与残酷的刑罚

虽然秦始皇时期的法律确实严苛，但这也是当时维护国家统一和社会秩序所必需的。在战国乱世之后，需要强有力的手段来维持新建立的帝国秩序。而且，这些法律也有助于防止贵族势力的反弹，确保中央政权的稳固。

（2）沉重的徭役与赋税

大型工程如长城和驰道的修建虽然给人民带来了沉重负担，但这些工程对国家安全和经济发展有着长远的影响。例如，长城有效地抵御了外敌入侵，而驰道则促进了地区间的联系和物资流通。

（3）焚书坑儒

尽管焚书坑儒是一个备受争议的事件，但它的目的并非完全是为了压制文化和学术自由。事实上，这一行为可能更多的是出于对旧制度的清除及对统一思想的追求，尽管方法过于激进。

（4）统治手段残暴，缺乏民本思想

秦始皇的统治方式反映了当时的时代背景和社会需求。作为一个新兴的帝国，秦需要迅速建立起一套能够有效管理庞大领土的行政体系。虽然这种方法在现代看来过于强硬，但在当时的历史背景下，它有助于巩固中央政权并促进国家的统一和发展。

> 总结起来，虽然秦始皇的一些做法确实可以被认为是暴政，但这些措施在某种程度上也是实现统一、建立中央集权国家的必要手段。从历史发展的角度来看，秦始皇的改革和政策为后世的中国奠定了坚实的基础，因此仍然可以被视为"千古一帝"。当然，在辩论中，我们也应该认识到任何历史人物都有其复杂性，不能简单地归结为"千古一帝"或"暴君"。

在这次辩论里，通义千问与我辩论了不到两个回合，便针对辩论的主题进行了总结。之所以会这样，是因为没有对每次输入的内容进行限制，所以如果用户想增加辩论的回合数，可以在指令里限定论据的阐述数量。

例如，思政老师可以以"老人摔倒了，该不该扶"这样的社会事件作为主题，让学生与AI展开辩论。下面，笔者便针对这个主题与AI（此次选用的AI工具是豆包）展开辩论。同样，辩论结果仅做效果展示用。

我：我是一名七年级学生，现在要与你展开辩论，辩论主题是"老人摔倒了，该不该扶"，你的观点是"不该扶"，我的观点是"该扶"，请先阐述你的观点。注意，每次只阐述一个论据。

> 豆包：扶老人可能面临被讹诈的风险。在现实生活中，有不少扶起摔倒老人后却被老人及其家属诬陷为肇事者的案例。这不仅会给扶人者带来经济上的损失，还会对其名誉和心理造成严重的伤害。比如，曾经有一位年轻人好心扶起摔倒的老人，结果老人一口咬定是他撞倒的，尽管年轻人有证据证明自己的清白，但在调查过程中，他依然承受了巨大的舆论压力和精神困扰。这种被讹诈的风险使得很多人在面对摔倒老人时望而却步，不敢轻易去扶。

我：尽管存在被讹诈的风险，但我们不能因此放弃对他人最基本的关怀和帮助。每个人都有可能在某个时刻需要他人的帮助，社会的信任和互助是非常宝贵的资源。如果我们因为害怕被讹诈而不去帮助他人，那么当自己或家人需要帮助时，也可能得不到及时的援助。

豆包：虽然社会信任和互助很宝贵，但不能忽视现实中被讹诈后所带来的严重后果。一旦被讹诈，可能需要花费大量的时间和精力去自证清白，这对于很多人来说是难以承受的负担。而且，即使最终证明了自己的无辜，在这个过程中所遭受的心理创伤也难以弥补。

我：人们可以利用智能手机等设备记录现场情况，作为日后可能出现纠纷时的证据。此外，公共场所的监控摄像头也可以起到一定的监督作用，为事后调查提供依据。

豆包：即使有智能手机等设备记录现场情况和公共场所的监控摄像头，但并不能完全保证这些证据在关键时刻一定能发挥作用。首先，手机记录可能因为角度问题、画质不清等原因无法清晰呈现整个事件过程，从而在纠纷中难以成为确凿的证据。其次，公共场所的监控摄像头也可能存在盲区，或者由于设备故障、数据丢失等问题无法提供有效的画面。再者，在实际情况中，即使有这些证据，调查过程也可能会耗费大量的时间和精力，给扶人者带来诸多麻烦和困扰。所以，不能仅仅因为有这些可能存在不确定性的证据就认为应该去扶摔倒的老人。

我：在一个文明社会，每个人都应该承担起帮助他人的义务。如果因为担心被讹诈而不去帮助摔倒的老人，那么社会的道德底线将会不断下降。每个人都有老去的一天，都可能需要他人的帮助。如果我们都不愿意伸出援手，那么社会将失去最基本的人文关怀。

豆包：承担帮助他人的义务并不意味着一定要在老人摔倒时去扶。在文明社会，我们可以通过其他方式来履行责任，比如及时拨打急救电话、呼叫周围的专业人员来处理等。这样既可以避免被讹诈的风险，又能在一定程度上为老人提供帮助。如果仅仅强调必须去扶摔倒的老人，而不考虑实际情况和可能带来的后果，那么可能会让一些人因为恐惧而选择逃避责任，这反而不利于社会道德的提升。而且，即使有人因为担心被讹诈而没有直接去扶老人，也不能就此认为社会的道德底线在不断下降。道德的表现形式是多样的，不能仅仅以是否扶老人这一行为来衡量。

4.4 让学生用 AI 自主设计作业

既然教师可以用 AI 设计作业，那我们为什么不试着将主动权交给学生，让学生作为作业设计的主导者，在 AI 的辅助下去自主设计作业。

当然，要落实这一教学策略，并不是跟学生说一句"你们今天自己用 AI 设计作业"这么简单，教师的辅助必不可少。在此，笔者总结了具体的操作步骤作为参考，教师可结合教学设计进行调整。

第一步：选择合适的 AI 工具

在本书第二章我们列出了教师必备的几个 AI 工具，教师可以结合自己日常的使用习惯，从中选择 1～3 个作为学生自主设计作业的主要工具，但不能局限在这几个工具里，学生也可以自行发掘。

第二步：明确作业目标

有了合适的 AI 工具后，教师需要和学生一起明确作业目标。作业目标的明确要结合本节课的知识点，教师可以带领学生一起回顾本节课的知识点，一边回顾一边明确今天的作业该如何围绕该知识点进行设计。比如，针对"勾股定理"这个知识点，明确一个"运用勾股定理解决实际问题"的作业设计方向。当然，也可以让学生自主回顾当天所学的课程内容，梳理出重点、难点和自己还存在疑惑的地方。学生可以通过查看课本、笔记或者与同学讨论来加深对课程内容的理解。

作业的具体形式和难度等级也需要在这一步明确。作业形式可以是传统的书面作业，如选择题、填空题、简答题、论述题等；也可以是实践作业，如实验、调查、制作等；还可以是创意作业，如绘画、写作、表演等。教师应鼓励学生尝试不同的作业形式，以增加学习的趣味性和多样性。作业难度等级可以分为基础、中等和挑战三个层次，让学生根据自己的学习水平进行选择。

第三步：学生自主设计作业

在确定作业形式和难度等级后，学生便可以开始设计具体的作业内容。如果是传统的书面作业，学生需要对 AI 设计的作业的正确与否进行判别；如果是实践作业，学生需要结合 AI 给出的内容梳理出具体的步骤或实践方案；如果是创意作业，学生需要明确创作的主题和要求。学生自主设计环节既可以采取个人设计模式，也可以采取小组合作模式。

作业设计完后，学生需要对自己设计的作业进行难度评估，确保作业既具有一定的挑战性，又不会过于困难而无法完成。同时，估算完成作业所需的时间，避免作业量过大或过小。可以参考以往类似作业的完成时间来进行评估。如果评估后不符合要求，学生需要对作业进行调整。

下面，笔者便针对实践作业设计，演示如何借助 AI（此次选用的 AI 工具是豆包）设计该类型的作业。对于实践类作业，作业目标的明确可以不用太严格，只需要学生梳理出具体的步骤或实践方案。

指令如下：

> 我是一名八年级的学生，现在要设计一个社会实践作业，请给我提供一些适合我们这个年龄段的社会实践主题。

豆包生成的社会实践主题包括以下几类：

> （1）社区服务类
> ①社区环境美化
> 活动内容：组织同学们在社区内清理垃圾，如清扫街道、公园、小区公共区域等，同时对垃圾分类进行宣传，增强居民的环保意识。可以制作一些简单易懂的垃圾分类宣传海报，张贴在社区公告栏或分发给居民。
> 意义：让学生们亲身参与到改善社区环境的行动中，增强环保意识和责任感，同时也能提高团队协作能力和与社区居民的沟通能力。

②关爱社区老人

活动内容：分组拜访社区内的孤寡老人，为他们提供一些帮助，如打扫房间、陪老人聊天、为老人表演节目等。可以定期组织这样的活动，建立与老人的长期联系，让他们感受到社会的关爱。

意义：培养学生的尊老敬老品德，让他们学会关心他人，同时也能让学生了解老年人的生活状况和需求，增强社会责任感。

③社区图书馆志愿者

活动内容：协助社区图书馆进行图书整理、借阅登记、书架清洁等工作，还可以组织读书活动，如故事分享会、读书心得交流等，鼓励社区居民多读书。

意义：让学生们接触图书馆的工作环境，培养他们的图书管理能力和阅读兴趣，同时也为社区文化建设作出贡献。

（2）文化传承类

①家乡传统文化调研

活动内容：选择家乡的一种传统文化，如传统手工艺（剪纸、刺绣、陶艺等）、传统节日习俗、地方戏曲等进行深入调研。可以通过查阅资料、采访民间艺人、实地观察等方式了解其历史渊源、发展现状和面临的问题，并制作调研报告或宣传手册。

意义：让学生们了解家乡的传统文化，增强文化认同感和自豪感，同时也能培养他们的调研能力和创新思维，为传承和弘扬传统文化贡献力量。

②经典诵读推广

活动内容：在学校或社区组织经典诵读活动，如古诗词朗诵比赛、经典文学作品诵读会等。同学们可以自己选择喜欢的经典作品进行朗诵，并分享对作品的理解和感悟。同时，还可以制作一些经典诵读的音频或视频，在网络平台上进行推广。

意义：提高学生的文学素养和语言表达能力，使其感受经典文化的魅力，同时也能带动身边的人一起诵读经典，营造良好的文化氛围。

③非物质文化遗产保护宣传

活动内容：了解本地的非物质文化遗产代表性项目，制作宣传海报、传单或短视频，向公众宣传非物质文化遗产的重要性和保护方法。可以组织一些非遗体验活动，如邀请非遗传承人现场展示技艺，让学生们亲自参与制作，加深对非遗的认识和兴趣。

意义：培养学生的文化保护意识，让更多的人了解和关注非物质文化遗产，促进非遗的传承和发展。

（3）社会调查类

①中学生消费观念调查

活动内容：设计调查问卷，对本校或周边学校的中学生进行消费观念调查，了解他们的消费行为、消费习惯、消费心理及对零花钱的管理等情况。对调查数据进行分析，撰写调查报告，并提出合理的消费建议。

意义：让学生们了解自己和同龄人的消费状况，树立正确的消费观念，培养理财意识，同时也能提高他们的数据分析和社会调查能力。

②青少年电子产品使用情况调查

活动内容：通过问卷调查、访谈等方式，了解青少年使用电子产品（手机、电脑、平板等）的时间、频率、用途及对学习和生活的影响。分析调查结果，探讨如何合理使用电子产品，提出相关建议，并向同学们进行宣传。

意义：引导学生正确认识和使用电子产品，避免过度依赖和沉迷，促进他们健康成长，同时也能让学生们关注社会现象，培养问题意识和解决问题的能力。

③社区公共设施满意度调查

活动内容：对社区内的公共设施，如公园、健身器材、路灯、垃圾桶等进行满意度调查。设计问卷，让社区居民对公共设施的数量、质量、分布情况及维护管理等方面进行评价和提出意见。将调查结果反馈给社区管理部门，为改善社区公共设施提供参考。

意义：培养学生的社会参与意识和公共服务意识，让他们关注社区建设和发展，同时也能提高学生的沟通能力和问题解决能力。

（4）公益宣传类

①交通安全宣传

活动内容：与交警部门合作，在学校或社区周边开展交通安全宣传活动。制作交通安全宣传海报、手册，向行人、车辆驾驶员发放，宣传交通规则和安全知识。可以在路口协助交警指挥交通，引导行人遵守交通规则，增强交通安全意识。

意义：增强学生和社会公众的交通安全意识，减少交通事故的发生，为创建安全和谐的交通环境贡献力量。

②节约用水宣传

活动内容：了解水资源的现状和节约用水的重要性，制作节约用水宣传标语、海报、视频等，在学校、社区或公共场所进行宣传。可以组织一些节水活动，如开展节水知识竞赛、征集节水小妙招等，增强大家的节水意识和行动能力。

意义：培养学生的节约意识和环保意识，让更多的人认识到水资源的宝贵，养成节约用水的好习惯。

③心理健康知识普及

活动内容：学习心理健康知识，制作心理健康宣传资料，如手抄报、宣传册等，向同学们宣传心理健康的重要性、常见心理问题的识别和应对方法等。可以组织心理健康讲座、心理咨询活动等，为同学们提供心理支持和帮助。

意义：关注学生的心理健康，提高他们的心理素质和应对压力的能力，营造积极向上的校园氛围和社会环境。

以上社会实践主题仅供参考，你可以根据自己的兴趣和实际情况进行选择和调整。在开展社会实践活动时，要注意安全，提前做好规划和准备，确保活动的顺利进行。同时，要认真总结活动经验和收获，提高自己的综合素质和能力。希望你能在社会实践中有所收获，度过一个充实而有意义的假期！

我们选择了"家乡传统文化调研"这一主题，并设计了如下指令：

我是一名八年级的学生，现在要设计一个社会实践作业，主题是"家乡传统文化调研"，活动内容和意义如下：

活动内容：选择家乡的一种传统文化，如传统手工艺（剪纸、刺绣、陶艺等）、传统节日习俗、地方戏曲等进行深入调研。可以通过查阅资料、采访民间艺人、实地观察等方式了解其历史渊源、发展现状和面临的问题，并制作调研报告或宣传手册。

意义：让学生了解家乡的传统文化，增强文化认同感和自豪感，同时也能培养他们的调研能力和创新思维，为传承和弘扬传统文化贡献力量。

请帮我设计一份符合我们这个年龄段的社会实践作业。

豆包生成的社会实践作业如下：

家乡传统文化调研社会实践作业

（1）实践主题

家乡传统文化调研 —— 以剪纸（可以为其他传统文化）为例。

（2）实践目的

①深入了解家乡剪纸文化的历史渊源、发展现状和面临的问题，增强对家乡传统文化的认知和理解。

②通过查阅资料、采访民间艺人、实地观察等实践活动，培养自身的调研能力、沟通能力和创新思维。

③制作调研报告或宣传手册，提高资料整理和表达能力，为传承和弘扬家乡剪纸文化贡献自己的力量，增强文化认同感和自豪感。

（3）实践时间

[具体时间段，如暑假期间或某个月的周末等]。

（4）实践步骤

①准备阶段（第 1 ~ 2 天）

组建实践小组：

邀请同班对传统文化感兴趣的同学组成实践小组，共同参与此次调研活动。小组规模控制在 [具体人数] 人左右，便于分工协作和交流讨论。

推选一名组长，负责组织协调小组活动，制订活动计划和任务分工。

确定调研对象：

经过小组讨论，选择家乡具有代表性的剪纸文化作为本次调研的对象。了解本地剪纸的风格特点、知名剪纸艺人及相关的剪纸作品等基本信息。

制订调研计划：

查阅相关资料，了解调研的基本方法和步骤。

在老师或家长的指导下，制订详细的调研计划，包括调研内容、方法、时间安排和人员分工等。

设计调查问卷和访谈提纲，问卷内容涵盖对剪纸的了解程度、喜好程度、购买渠道等方面；访谈提纲主要针对剪纸艺人，包括学艺经历、创作心得、对剪纸传承的看法等。

②资料收集阶段（第 3 ～ 7 天）

文献查阅：

前往学校图书馆、当地文化馆或博物馆，查阅有关家乡剪纸文化的书籍、报纸、杂志等文献资料，了解剪纸的历史起源、发展脉络、艺术特色和文化内涵等。

利用网络资源，搜索相关的学术论文、新闻报道、图片视频等资料，进一步丰富对剪纸文化的认识。将查阅到的资料进行整理和分析，提取有用信息。

实地观察：

走访当地的剪纸工作室、工艺品店、民俗展览等场所，实地观察剪纸的制作过程、作品展示和销售情况。

注意观察剪纸作品的题材、构图、色彩、技法等方面的特点，记录不同场所剪纸文化的呈现形式和氛围。可以拍摄一些照片和视频作为资料留存。

问卷调查：

在学校、社区、商场等人流量较大的地方发放调查问卷，广泛收集不同年龄段人群对家乡剪纸文化的了解和态度。

发放问卷时要注意礼貌和沟通技巧，确保问卷的有效回收率。对回收的问卷进行统计分析，得出初步结论。

③访谈阶段（第 8 ～ 10 天）

联系剪纸艺人：

通过文化馆、民间艺术协会等渠道，联系本地知名的剪纸艺人，预约访谈时间和地点。

在访谈前，准备好相关的问题和设备，如笔记本、录音笔、相机等，确保访谈的顺利进行。

进行访谈：

按照访谈提纲，与剪纸艺人进行深入交流，了解他们的学艺经历、创作风格、代表作品及对剪纸文化传承和发展的看法和建议。

在访谈过程中，要认真倾听，尊重艺人的意见和观点，适时提问和互动。同时，注意记录访谈内容和艺人的表情动作等细节，可以进行录音和拍照。

访谈结束后，及时整理访谈资料，对重要内容进行标注和总结。

④分析总结阶段（第 11 ～ 14 天）

资料整理与分析：

将收集到的文献资料、调查问卷数据、访谈记录、照片视频等进行汇总整理，分类归档。

对资料进行深入分析，运用数据分析方法和逻辑推理，探讨家乡剪纸文化的历史价值、艺术价值、社会价值及当前发展面临的问题和挑战。

结合小组讨论和个人思考，提出一些关于传承和弘扬家乡剪纸文化的建议和对策。

撰写调研报告：

根据资料分析结果，撰写调研报告。报告内容应包括引言、调研目的、方法、结果分析、问题与建议、结论等部分。

在撰写过程中，要注意语言表述的准确性和流畅性，逻辑结构的清晰性和严谨性。可以参考一些优秀的调研报告范例，提高报告的质量。

制作宣传手册：

选取调研过程中的优秀剪纸作品图片、重要资料和结论等，制作成宣传手册。宣传手册应简洁明了、图文并茂，具有一定的吸引力和可读性。

设计宣传手册的版面和内容排版，注重色彩搭配和视觉效果。可以使用一些图形设计软件进行制作，也可以手工绘制后进行扫描和排版。

⑤展示与交流阶段（第 15 ~ 16 天）

校内展示：

在学校组织一次家乡传统文化调研成果展示活动，向全校师生展示小组的调研成果，包括调研报告、宣传手册、照片视频等。

可以通过展板展示、PPT 演示、实物展示等方式进行，同时安排小组成员进行现场讲解和互动交流，让更多的同学了解家乡的剪纸文化。

社区宣传：

走进社区，向社区居民发放宣传手册，举办剪纸文化讲座或小型展览，宣传家乡剪纸文化的魅力和价值。

鼓励居民参与互动，如现场学习剪纸技巧等，增强居民对传统文化的兴趣和关注。

交流与反思：

组织小组内部和班级同学之间的交流活动，分享调研过程中的经验和体会，听取老师和同学们的意见和建议。

对本次社会实践活动进行总结反思，评估自己在调研过程中的表现和收获，找出存在的问题和不足之处，为今后的学习和实践提供参考。

（5）实践成果

①一份详细的家乡剪纸文化调研报告，不少于 [具体字数] 字，内容包括历史渊源、发展现状、面临问题、建议对策等方面。

②一本精美的家乡剪纸文化宣传手册，包含剪纸作品图片、文化介绍、传承意义等内容，不少于 [具体页数] 页。

③展示活动的照片和视频资料，记录实践过程中的精彩瞬间和成果展示情况。

④小组成员的个人实践心得和体会，不少于 [具体页数] 字，分享在调研过程中的收获和成长。

（6）注意事项

①在实践活动过程中，要注意安全，特别是在实地观察和访谈过程中，要遵守交通规则，避免前往危险区域。

②尊重民间艺人、文化机构和社区居民，保持礼貌和谦虚的态度，认真倾听他们的意见和建议。

③严格遵守调研计划和时间安排，按时完成各项任务。如有特殊情况需要调整，要及时与小组其他成员沟通协商。

④注意保护知识产权和个人隐私，在使用他人作品和资料时要注明出处，未经允许不得随意公开他人信息。

⑤认真对待本次社会实践活动，积极参与，充分发挥自己的主观能动性和团队协作精神，努力提高自身的综合素质和能力。

希望这份社会实践作业设计能够帮助你顺利完成家乡传统文化调研任务，在实践中收获知识和成长，为传承和弘扬家乡传统文化贡献自己的一份力量！

注意，上面呈现的内容仅做效果展示用，具体操作可由学生自主探索，且需要学生结合自身实际对初稿进行评估和调整。

第四步：教师审核和反馈

教师对学生提交的作业设计进行审核，检查作业内容是否符合课程要求、难度是否适中、时间估算是否合理等。评估完后，教师应及时给予学生反馈，肯定学生的创意和努力，同时指出作业设计中存在的问题。

第五步：实施作业

学生根据教师的反馈意见，对作业设计进行修改和完善后，开始实施自己设计的作业。此外，教师还可以从学生设计的作业中挑选一些高质量作业，组成一套练习题，作为学生双休日的作业。如果时间比较充裕，教师可以让学生在课堂上展示自己的设计成果，增加课堂的互动性和趣味性。想象一下，一堂生物课上，学生们互相展示自己设计的微生物观察作业，是不是比单纯的课本知识要生动有趣得多？

4.5 用 AI 批改作业

用通义千问、豆包等 AI 工具批改作业，目前还存在一定的局限性，但通过试验，我们找到了一些批改效果不错的智能体。下面，我们便对这些智能体的应用进行演示。

通义千问的"速算批改小助手"

在通义千问的智能体模块搜索"速算批改小助手"，找到该智能体，如图4-9 所示。从该智能体的介绍可知，它可以对一～六年级的数学口算题进行快速批改。

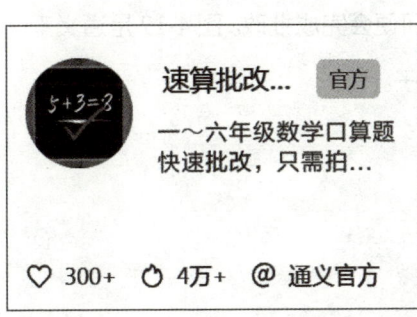

图 4-9　"速算批改小助手"智能体

如果教师使用的是电脑版的通义千问，需要先将作业图片传到电脑上，然后点击对话框左侧的"上传图片"（图 4-10），将作业图片上传。如果教师使用的是手机版的通义千问，需要在"工具"栏搜索"速算批改小助手"（图 4-11），进入智能体后，同样是点击对话框左侧的"上传图片"，将作业图片上传。

图 4-10　电脑版操作界面"上传图片"

图 4-11　手机版需要从"工具"栏搜索

无论哪个版本，上传图片后，写一个批改的指令，如"批改这些口算题"，只需要几秒钟，通义千问便会完成批改。图 4-12 是通义千问批改前的样子，图 4-13 是通义千问批改后的样子。

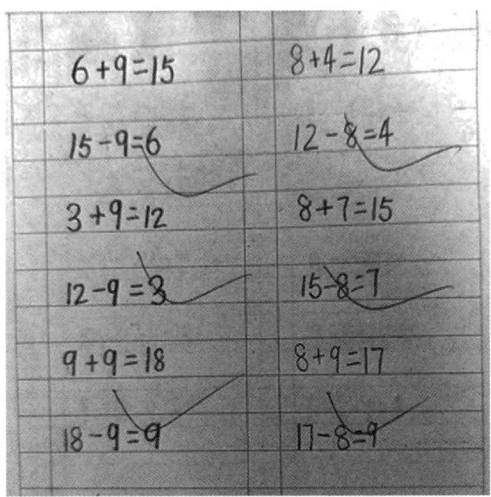

图 4-12 通义千问批改前的样子

批改完成：

共 12 道题目，12 道做对，0 道存疑，正确率 100%

图 4-13 通义千问批改后的样子

豆包的"作文批改助手"

豆包的网页版不能上传图片，需要下载电脑版或手机版，手机版有"上传图片""拍照""录像"3 个选项，使用起来更加方便，所以我们更推荐大家使用手机版的"豆包 APP"。

打开"豆包 APP"，在"发现"栏搜索"作文批改助手"（图 4-14），进入智能体对话界面（图 4-15）。点击拍照，上传作文图片（图 4-16、图 4-17、图 4-18）。

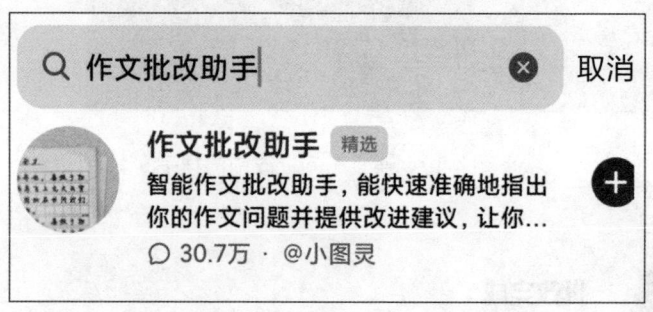

图 4-14　"发现"栏搜索"作文批改助手"

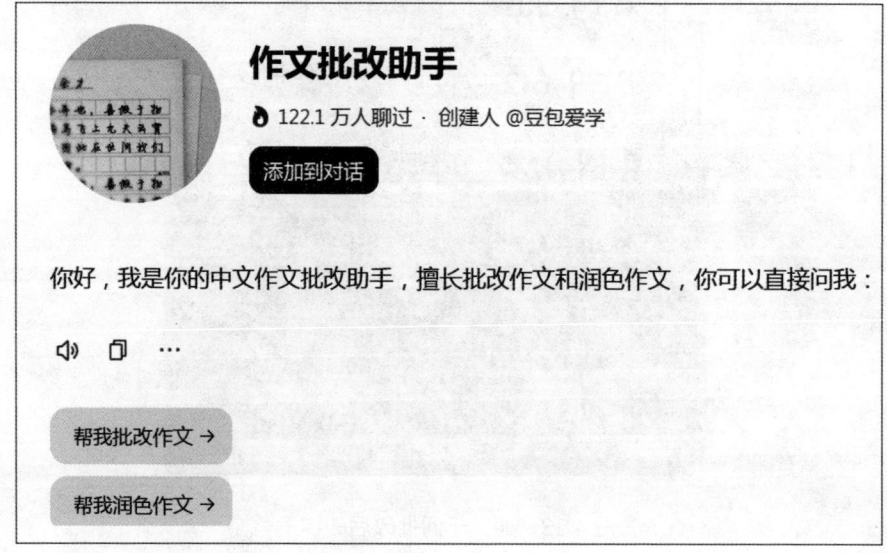

图 4-15　"作文批改助手"对话界面

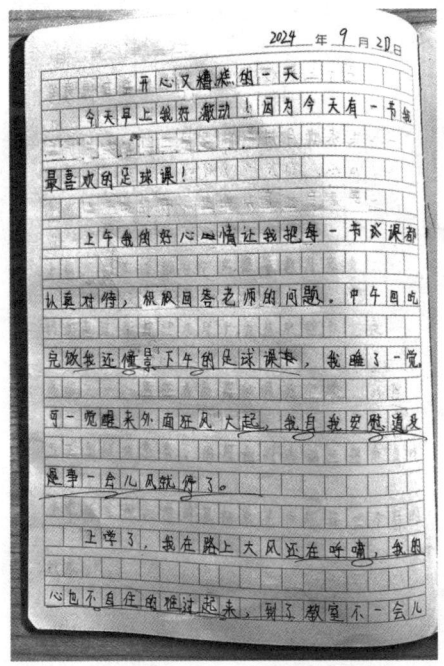

图 4-16　待批改作文（1）

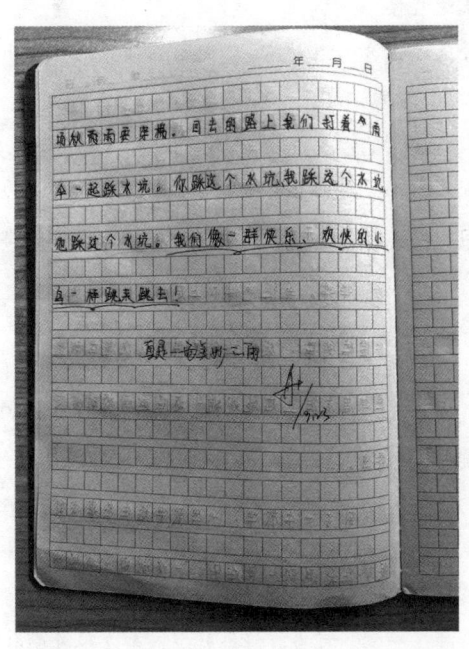

图 4-17　待批改作文（2）

图 4-18　待批改作文（3）

"作文批改助手"针对这篇作文的点评共有 4 个模块：全文点评、亮点、建议和分句点评。文字内容如下：

（1）全文点评

这篇文章情感真挚，生动描绘了一天的经历，从期待足球课到因风雨而改变心情，最后又在雨中找到快乐。

（2）亮点

善用修辞，描写生动：文中将狂风比作老虎，将雨比作老天的泪水，使风雨的形象更加鲜明，增强了文章的感染力。

（3）建议

丰富词汇运用：文中部分表述较简单重复，如"激动""糟糕"等，可多积累一些近义词，增加表达的丰富性。

优化结尾升华：结尾稍显平淡，可以进一步深化主题，比如从这场雨中领悟到生活中的变化与乐观应对的重要性。

（4）分句点评

①佳句

亮点：情感表达直接。

直接写出"今天早上我好激动！"，简单而强烈地传递出内心的兴奋情绪，让读者能迅速感受到作者的心情。

②待优化句

建议：表述较为简单直白，可以增加一些对足球课喜爱的具体描述。

润色结果：因为今天有一节我心心念念、期盼已久的足球课！

③佳句

亮点：积极态度展现。

通过描述好心情促使自己认真对待每一节课并积极回答问题，展现出积极向上的学习态度。

积极的心态能够影响学习行为，这种描述让读者感受到了作者在学习中的热情和专注，也为后续情节的发展做了良好的铺垫。

④待优化句

建议：表述较为简单，可以增加一些环境描写和心理描写，让情节更丰富。

润色结果：我睡了一觉。可当我悠悠转醒，却发现外面狂风大作，那呼啸的风声犹如猛兽的怒吼，窗户被吹得哐当作响，我的心也瞬间揪了起来。

⑤待优化句

建议：可以使用更多的修辞手法和形容词，让风雨演奏的描写更加生动形象。

润色结果：风雨交加，它们携手奏响了一场气势磅礴的宏大乐章："呼呼"是低沉的鼓点，"沙沙"是悠扬的弦音，"哗哗"则是激昂的高音，交织在一起，震撼人心。

⑥待优化句

建议：句子表述较啰唆，可以精简语言，并且使用更生动的词汇来表达感受。

润色结果：我觉得不上足球课也并非糟糕之事，反而既能在教室里完成周末作业，又能欣赏一场盛大而激昂的交响曲。

⑦待优化句

建议：可以增加一些动作和心理描写，让场景更生动有趣，同时优化语言表述。

润色结果：回去的路上，我们撑着雨伞，兴奋地冲向一个个水坑。你猛地踩向这个水坑，溅起一片水花，我欢快地踩向那个水坑，发出"啪嗒"的声响，他也迫不及待地踩向另一个水坑，脸上洋溢着灿烂的笑容。我们就像一群无忧无虑、欢快无比的小鸟，在雨中尽情地嬉戏跳跃，内心满是喜悦与畅快！

文字批注下附带的图片见图 4-19、图 4-20、图 4-21。

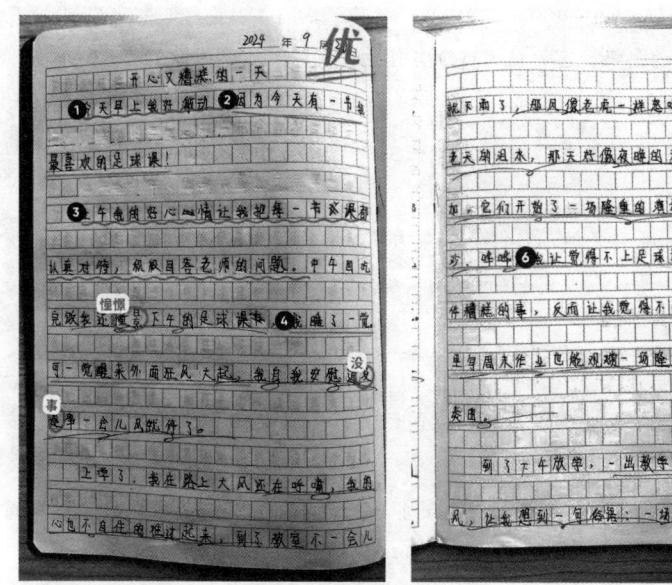

图 4-19　文字批注下附带的图片（1）　　　图 4-20　文字批注下附带的图片（2）

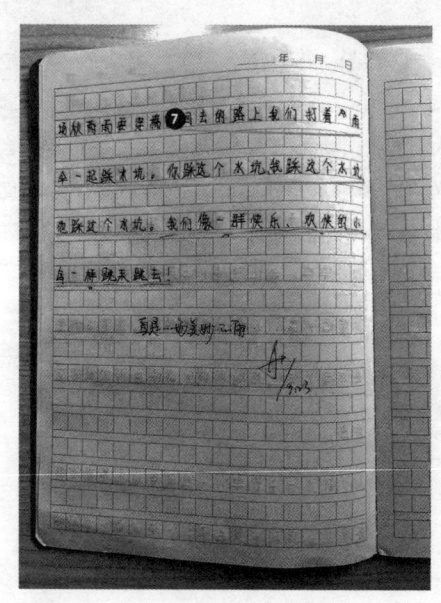

图 4-21　文字批注下附带的图片（3）

　　需要注意的是，这些批注不一定准确，也不一定符合学生实际，教师需要从中选择合理的批注部分。

豆包的"英语作文批改助手"

因为豆包 APP 上"英语作文批改助手"的操作与"作文批改助手"相同，所以操作演示我们就不赘述了。与"作文批改助手"不同的是，上传英文作文后，豆包只给出修改意见，如图 4-22 所示。

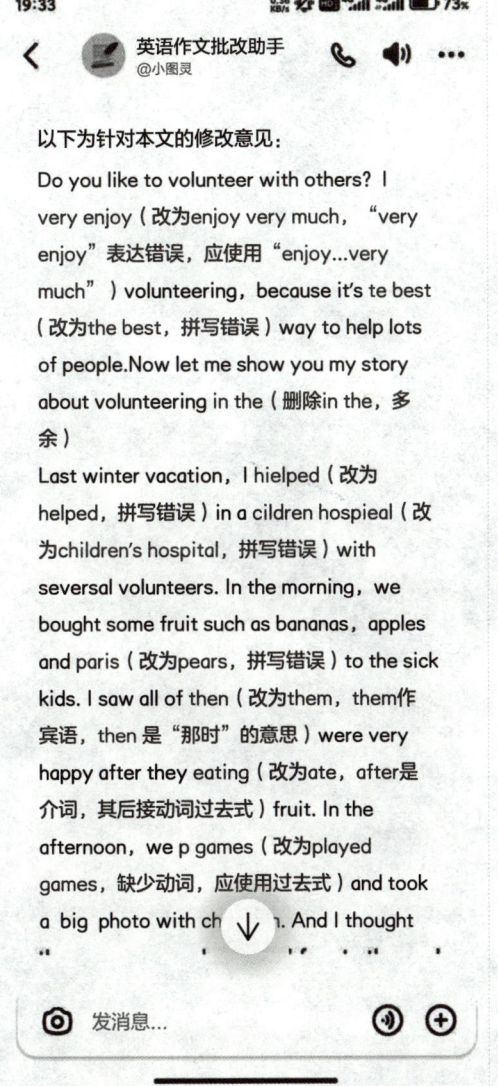

图 4-22　"英语作文批改助手"的修改意见（部分）

第5章

AI 助力学生
个性化学习

.
.
.

5.1 AI 帮你做：设计调查报告与学情分析

了解学生学情是制订学生个性化学习计划的前提，常用方法有问卷调查法、访谈法、观察法。其中，问卷调查法是最高效的方法，可以一次性收集全班几十个学生的数据。借助 AI，教师可以快速生成一份调查报告，学生填完报告后，教师将报告发给 AI，让它进行学情分析。

设计调查报告

让 AI 设计调查报告，关键依旧是指令。以初中数学为例，我们设计了如下指令：

> 你是一名初中数学教师，七年级刚刚结束，现在需要你做一份调查报告，旨在了解学生的学情。调查报告共 20 个问题，每个问题至少有 A、B、C、D 四个选项。注意，设计的问题要有助于教师全面且深入了解学生的学情，以辅助教师针对学生个体制订个性化的学习方案。

我们依次将指令发给文心一言、通义千问和豆包，生成的调查报告或多或少都存在一些不足，通过将三份报告进行整合，我们得到如下一份调查报告。

> 七年级学生数学学情调查报告
>
> （1）你认为自己的数学基础如何？
> A. 非常扎实
> B. 较为扎实
> C. 一般
> D. 较为薄弱

E. 非常薄弱

（2）你对数学这门学科的兴趣程度如何？

A. 非常感兴趣

B. 比较感兴趣

C. 一般

D. 不感兴趣

（3）你通常会预习数学新课内容吗？

A. 经常

B. 偶尔

C. 几乎不

D. 从不

（4）在数学课堂上，你遇到不懂的问题时会怎么做？

A. 立即举手提问

B. 下课后找老师询问

C. 自己私下解决

D. 放弃不管

（5）你在数学课堂上的注意力集中程度如何？

A. 非常集中

B. 大部分时间集中

C. 有时会走神

D. 经常开小差

（6）你更倾向于通过哪种方式学习数学？

A. 听老师讲解

B. 自己看书自学

C. 和同学一起讨论

D. 使用网络资源

（7）遇到数学难题时，你的第一反应是什么？

A. 立即尝试自己解决

B. 先思考一会儿再解决

C. 寻求同学帮助

D. 等待老师讲解

E. 常常放弃不解决

（8）你在学习数学时使用学习工具（如计算器、学习软件等）吗？

A. 经常使用

B. 偶尔使用

C. 很少使用

D. 从不使用

（9）你在完成数学作业时，通常会采取以下哪种方式？

A. 先复习当天所学知识，然后独立完成作业

B. 直接做作业，遇到不会的再看书或请教同学老师

C. 抄袭同学作业或参考答案

D. 边做作业边玩手机或做其他事情

（10）你完成数学作业的正确率通常如何？

A. 90% 以上

B. 70% ~ 90%

C. 50% ~ 70%

D. 50% 以下

（11）对于数学作业中的错题，你通常会采取以下哪种方式处理？

A. 认真分析错题原因，及时订正并总结方法

B. 只订正答案，不分析原因

C. 对错题不管不顾，等待老师讲解

D. 认为错题太多，无从下手，干脆放弃

（12）你每天平均花在数学学习上的时间（包括课堂学习和课后学习）是多少？

A. 2 小时以上

B. 1 ~ 2 小时

C. 0.5 ~ 1.0 小时

D. 0.5 小时以下

（13）在数学考试中，你认为最容易丢分的部分是（可多选）？

A. 选择题

B. 填空题

C. 计算题

D. 解答题

E. 其他

（14）当你考试成绩不理想时，你认为主要原因是（可多选）？

A. 知识掌握不牢固

B. 粗心大意

C. 考试紧张

D. 学习方法不当

E. 复习不到位

F. 其他

（15）你的家长提供数学学习上的帮助吗？

A. 总是提供

B. 有时提供

C. 很少提供

D. 从不提供

进行学情分析

学生填完上述报告后，我们将报告发给文心一言，并写了如下一条指令：

这是一位七年级学生填写的调查问卷，请针对这位学生的回答，出一份详细的学情分析。

文心一言生成的学情分析如下：

七年级学生数学学情分析报告

第一部分：基本信息与学习态度

（1）数学基础自评

回答：D（较为薄弱）。

分析：学生认为自己的数学基础较为薄弱，这可能影响到后续数学学习的深度和广度。教师需要关注该生的基础知识掌握情况，适时进行查漏补缺。

（2）对数学的兴趣程度

回答：D（不感兴趣）。

分析：学生对数学缺乏兴趣，这是影响学习动力的一个重要因素。教师可以通过多样化的教学手段和趣味性的教学内容来激发学生的学习兴趣。

第二部分：学习习惯与方法

（3）预习习惯

回答：C（几乎不）。

分析：学生几乎不预习新课内容，这可能导致课堂学习效率低下。教师应鼓励学生养成良好的预习习惯，提前了解新知识，为课堂学习做好准备。

（4）课堂学习表现

遇到不懂问题的处理方式：D（放弃不管）。

注意力集中程度：D（经常开小差）。

分析：学生在课堂上遇到不懂的问题选择放弃，且注意力经常不集中，这反映出学生在学习过程中的主动性和参与度不足。教师需要关注学生的课堂表现，通过提问、互动等方式引导学生积极参与课堂活动。

（5）学习方式偏好

回答：A（听老师讲解）。

分析：学生更倾向于听老师讲解，这说明教师的讲解对其学习有重要影响。教师应优化教学方法，提高讲解的吸引力和有效性。

（6）难题解决策略

第一反应：E（常常放弃不解决）。

分析：学生遇到难题时常常选择放弃，缺乏解决问题的勇气和策略。教师应培养学生的解题信心和毅力，教授有效的解题方法和策略。

（7）学习工具使用情况

回答：B（偶尔使用）。

分析：学生偶尔使用学习工具，但并未形成习惯。教师应引导学生合理利用学习工具，如计算器、学习软件等，以提高学习效率。

第三部分：作业与考试

（8）作业完成方式

回答：C（抄袭同学作业或参考答案）。

分析：学生作业完成方式存在问题，抄袭行为严重。这可能导致学生对知识点的掌握不牢固，影响学习效果。教师应加强对学生作业完成情况的监督，鼓励学生独立完成作业。

（9）作业正确率

回答：D（50% 以下）。

分析：学生作业正确率较低，反映出学生对知识点的掌握程度较差。教师需针对学生的错误进行有针对性的讲解和辅导。

（10）错题处理方式

回答：D（认为错题太多，无从下手，干脆放弃）。

分析：学生对错题的处理态度消极，这不利于学生查漏补缺和提高成绩。教师应引导学生正确面对错题，认真分析错题原因，及时订正并总结方法。

（11）课堂学习时间与效率

回答：C（0.5～1.0 小时）。

分析：学生每天平均花在数学学习上的时间较少，且学习效率不高。教师应引导学生合理安排学习时间，提高学习效率。

（12）考试表现与反思

最容易丢分部分：C（计算题）、D（解答题）。

考试成绩不理想原因：A（知识掌握不牢固）、C（考试紧张）、D（学习方法不当）、E（复习不到位）。

分析：学生在计算和解答题上容易丢分，反映出学生在这些方面的能力较弱。同时，知识掌握不牢固、考试紧张、学习方法不当和复习不到位也是影响学生考试成绩的重要因素。教师应针对学生的具体情况进行有针对性的辅导和训练。

第四部分：家庭支持情况

（13）家长帮助情况

回答：C（很少提供）。

分析：家长在数学学习上对学生的帮助较少，这可能会影响学生的学习效果。教师应加强与家长的沟通与合作，共同关注学生的学习情况，为学生提供更多的学习支持。

第五部分：总结与建议

综上所述，该学生在数学学习方面存在基础薄弱、兴趣不高、学习习惯和方法不当、作业和考试表现不佳等问题。针对这些问题，教师应采取以下措施：

加强基础知识教学：通过查漏补缺的方式巩固学生的基础知识。

激发学习兴趣：采用多样化的教学手段和趣味性的教学内容激发学生的学习兴趣。

培养良好的学习习惯：引导学生养成预习、复习、独立完成作业等良好的学习习惯。

优化教学方法：针对学生的不同情况采用不同的教学方法和策略，提高教学效果。

加强家校合作：与家长保持密切联系，共同关注学生的学习情况，为学生提供更多的学习支持。

文心一言在生成学情分析时，对以上题目进行了合并处理，并给出了一些针对性的建议，虽然这些建议比较笼统，但也可以作为学生个性化学习计划的参考，相关内容我们将在下一节做详细论述。

5.2 快速制订个性化学习计划

有了调查报告和针对学生生成的学情分析，下一步，教师便可以将这些内容发给 AI，让它结合文档内容，制订一份针对该学生的个性化学习计划。

指令如下：

你是一名初中数学教师，这份文档的内容是一位刚刚结束七年级学习生活的学生填写的调查问卷及针对这份调查问卷给出的详细的学情分析。你计划利用两个月的暑假时间以及八年级上学期的 16 周时间改变学生的学习现状，请针对该学生的情况，制订一份详细的个性化学习计划。注意，学习计划要有针对性，凸显"个性化学习计划"的主题，并且学生有其他科目要学习（由于该学生数学成绩很差，可以适当在数学学科上多分配一些时间），制订的学习计划要符合该生实际情况。

我们将上述指令依次发给文心一言、通义千问、讯飞星火、豆包和 Kimi 这五个 AI 工具，生成的学习计划或多或少都存在一些不足。下面，我们仅展示通义千问和讯飞星火生成的学习计划，大家可以看看效果。

通义千问生成的学习计划如下：

为了改善这位学生的学习状况，我们需要设计一个既考虑到学生的具体情况，又能够平衡其他科目学习需求的个性化学习计划。以下是为期两个月暑假加上八年级上学期 16 周的详细学习计划：

暑假期间（两个月）

第一部分：基础巩固与兴趣培养（前一个月）

每日基础复习：每天安排 0.5 ~ 1.0 小时用于数学基础知识复习，重点复习一元一次方程、二元一次方程组等基础概念。这部分可以采用理解记忆法，通过做练习题加深理解。

趣味数学活动：每周至少参加一次趣味数学活动或游戏，如数学拼图、逻辑谜题等，旨在提升数学兴趣。

阅读数学故事：每周阅读一篇关于数学的故事或文章，增加对数学的好奇心。

数学日记：鼓励学生开始写数学日记，记录每天学习的收获和困惑。

第二部分：预习与学习习惯建立（后一个月）

预习新知：开始预习初二的数学课程，每天至少半小时，理解新概念，尝试解决例题。

自我测试：每周末自我测试一周内预习的知识点，评估掌握程度。

总结归纳：每周至少一次，总结本周所学知识点，整理成笔记。

使用学习工具：鼓励学生使用计算器、学习软件等工具辅助学习。

八年级第一学期（16 周）

第一部分：课堂教学参与（每节课）

主动提问：鼓励学生在课堂上遇到不懂的问题时，勇于提问，寻求解决办法。

课堂互动：积极参与课堂讨论，与同学分享解题思路。

第二部分：作业与错题纠正（每日 / 每周）

独立作业：每次作业都要求学生独立完成，遇到困难先尝试自己解决。

错题分析：每次作业后，认真分析错题，总结错误原因，并及时改正。

错题本：建立错题本，记录所有错题及其解法，定期复习。

第三部分：定期复习与检测（每周 / 每月）

每周复习：每周至少安排一次全面复习，回顾一周内的学习内容。

月考模拟：每个月进行一次模拟月考，检测学习成果。

第四部分：家校合作（持续）

定期沟通：与家长保持定期沟通，了解学生在家中的学习状态。

家长协助：鼓励家长参与到孩子的学习过程中，即使不能直接提供帮助，也可以创造一个良好的学习环境。

迅飞星火生成的学习计划如下：

针对这位学生的具体情况，以下是一份详细的个性化学习计划：

暑假两个月计划（7 月初至 8 月底）

第一阶段（7 月第一周至第三周）：基础知识强化

（1）数学基础复习：每天安排 1 小时用于复习七年级数学知识，重点包括有理数、一元一次方程等基础概念。使用教科书和练习册进行复习，并记录不懂的问题。

（2）在线资源辅助：每周至少两次，利用在线教育平台（如 Khan Academy）观看相关数学概念的视频讲解，加深理解。

（3）周末小测验：每周末进行一次小测验，以检测一周的学习效果，及时发现并解决问题。

第二阶段（7 月第四周至 8 月第二周）：兴趣激发与实践应用

（1）数学游戏与竞赛：参与数学相关的在线游戏或应用程序，如 "Prodigy Math Game"，提高解题兴趣。

（2）实际问题解决：每周选择一个生活中的实际问题，如计算购物优惠、测量房间面积等，应用数学知识解决，增强学习的现实意义。

第三阶段（8 月第三周至第四周）：预习与准备

（1）八年级数学预习：提前阅读八年级数学教材的前两章内容，尝试解决一些简单习题。

（2）学习计划制订：根据八年级第一学期的课程表，制订详细的每周学习计划，确保时间管理合理有效。

八年级第一学期 16 周计划

（1）每周常规安排

每日复习与作业：每天至少花费 45 分钟复习当天所学的数学内容，并独立完成作业。

周末复习与总结：每周六用于复习整周的学习内容，周日总结本周的学习情况，准备下周的学习。

（2）特别活动

第 4 周和第 8 周的家长会：与家长沟通学生的学习进展，讨论家庭作业和学习方法的改进。

第 12 周的期中考试复习：从第 10 周开始，增加每天的复习时间至 1 小时，专注于期中考试的重点内容。

（3）每月评估

每月一次的进度检查：通过小测试或模拟题来评估学生对当月学习内容的掌握情况。

上述两个学习计划存在两个通病：一是合理性不足，存在一些不符合实际或无法实现的建议；二是计划太笼统，不够细化。针对合理性不足的内容，教师可以对内容进行调整，也可以直接删去。针对太笼统的问题，教师需要结合实际情况做进一步的细化，这样既可以增强学习计划的可操作性，也可以让学习计划更满足"个性化"的要求。

其实，AI 在执行复杂任务时，往往很难一次性就给出我们想要的答案，这时，教师可以把任务拆解，让 AI 逐一解决拆解后的任务。

以通义千问给出的学习计划为例，它的不合理性在于给"第一部分：基础巩固与兴趣培养"安排的时间略少，因为该学生基础薄弱，应该更偏重复习，所以我们将复习与预习的时间分别调整为六周和两周。针对"每日基础复习"和"预习新知"两部分太笼统的问题，制订更加详细的计划。两部分涉及的内容不同，所以要分开制订。

针对"每日基础复习"部分，教师首先要下载七年级数学的电子课本，然后上传给 AI（或许是电子课本的文件问题，通义千问读取文件失败，所以我们将 AI 工具换为豆包）。通过前面的调查问卷，我们得知该学生的薄弱部分分别是七年级上册第三章"一元一次方程"、第四章"几何图形初步"与七年级下册第七章"平面直角坐标系"、第八章"二元一次方程组"、第九章"不等式与不等式组"，所以在设计指令时，我们特意强调了重点复习这几章的内容。指令内容具体如下：

> 学生要利用暑假六周的时间完成对七年级数学基础知识的复习，重点复习七年级上册第三章"一元一次方程"、第四章"几何图形初步"与七年级下册第七章"平面直角坐标系"、第八章"二元一次方程组"、第九章"表达式与不等式组"。每天复习时间为 0.5 ~ 1.0 小时。上述两个文档是七年级的数学教材，请结合教材，给学生制订一个详细的复习计划。

豆包生成的复习计划中包含了典型例题，我们去掉了这部分，得到了如下一份复习计划：

> 第一周：复习七年级上册第三章"一元一次方程"
>
> （1）知识梳理
>
> ①方程与等式的关系：回顾方程是含有未知数的等式，一元一次方程的特征是只含有一个未知数，未知数的次数都是 1，等号两边都是整式。
>
> ②解方程的步骤。
>
> 移项：把方程中的某一项改变符号后，从方程的一边移到另一边，注意移项要变号。
>
> 合并同类项：将方程中同类项的系数相加，字母和指数不变。
>
> 系数化为 1：在方程两边同时除以未知数的系数，使方程化为 $x=a$ 的形式。

（2）练习与巩固

完成教材中第三章的练习题，加深对解方程步骤的理解和掌握。

做一些课外的一元一次方程练习题，提高解题能力。

第二周：复习七年级上册第四章"几何图形初步"

（1）知识梳理

①几何图形的分类：包括立体图形和平面图形，立体图形如长方体、正方体、圆柱、圆锥等，平面图形如线段、角、三角形、长方形等。

②点、线、面、体的关系：点动成线，线动成面，面动成体。

③直线、射线、线段的性质。

直线性质：经过两点有一条直线，并且只有一条直线。

线段性质：两点的所有连线中，线段最短。

④角的度量与运算：

角的度量单位：度、分、秒，1 周角 $=360°$ ，1 平角 $=180°$ ，$1°=60'$ ，$1'=60''$ 。

角的运算：角的和、差、倍、分运算，以及角平分线的性质。

（2）练习与巩固

完成教材中第四章的练习题，巩固几何图形的相关知识。

做一些与角的度量和运算有关的练习，提高解题速度和准确性。

第三周：复习七年级下册第七章"平面直角坐标系"

（1）知识梳理

①有序数对：有顺序的两个数 a 与 b 组成的数对，叫有序数对，记作，利用有序数对可以准确地表示出平面内点的位置。

②平面直角坐标系的概念：在平面内画两条互相垂直、原点重合的数轴，组成平面直角坐标系。水平的数轴称为 x 轴或横轴，竖直的数轴称为 y 轴或纵轴，两坐标轴的交点为平面直角坐标系的原点。

③点的坐标特征

坐标符号特征：第一象限内的点横坐标为正，纵坐标为正；第二象限内的点横坐标为负，纵坐标为正；第三象限内的点横坐标为负，纵坐标为负；第四象限内的点横坐标为正，纵坐标为负。

坐标轴上的点：x 轴上的点纵坐标为 0，y 轴上的点横坐标为 0。

④坐标方法的应用。

用坐标表示地理位置：建立平面直角坐标系，选择适当的参照点为原点，

确定 x 轴、y 轴的正方向，根据具体问题确定单位长度，在坐标平面内画出这些点，写出各点的坐标和各个地点的名称。

用坐标表示平移：在平面直角坐标系中，将点向右（或左）平移 a 个单位长度，可以得到对应点（或）；将点向上（或下）平移 b 个单位长度，可以得到对应点（或）。

（2）练习与巩固

完成教材中第七章的练习题，熟练掌握平面直角坐标系的相关知识。

做一些与坐标表示地理位置和坐标平移有关的练习题，提高应用能力。

第四周：复习七年级下册第八章"二元一次方程组"

（1）知识梳理

①二元一次方程组的概念：含有两个未知数，并且含有未知数的项的次数都是1的整式方程叫二元一次方程。把具有相同未知数的两个二元一次方程合在一起，就组成了一个二元一次方程组。

②二元一次方程组的解法

代入消元法：将方程组中的一个方程的某个未知数用含有另一个未知数的代数式表示出来，然后代入另一个方程，消去一个未知数，得到一个一元一次方程，最后求得方程组的解。

加减消元法：当二元一次方程组的两个方程中同一未知数的系数相反或相等时，把这两个方程的两边分别相加或相减，就能消去这个未知数，得到一个一元一次方程，最后求得方程组的解。

③二元一次方程组的应用：通过设未知数，列方程组，解方程组的步骤，解决实际问题，如行程问题、工程问题、销售问题等。

（2）练习与巩固

完成教材中第八章的练习题，掌握二元一次方程组的解法和应用。

做一些综合性较强的练习题，如涉及多个未知数的实际问题，提高解题能力。

第五周：复习七年级下册第九章不等式与不等式组

（1）知识梳理

①不等式的概念与性质

不等式的定义：用不等号（如"<""≤""≥""≠"）表示大小关系的式子叫不等式。

不等式的性质：不等式两边加（或减）同一个数（或式子），不等号的方向不变；不等式两边乘（或除以）同一个正数，不等号的方向不变；不等式两边乘（或除以）同一个负数，不等号的方向改变。

②一元一次不等式的解法：与解一元一次方程类似，通过去分母、去括号、移项、合并同类项、系数化为 1 等步骤，将不等式化为或的形式。

③一元一次不等式组的解集：几个不等式的解集的公共部分，叫由它们所组成的不等式组的解集。解不等式组就是求它的解集，可以利用数轴来确定不等式组的解集。

（2）练习与巩固

完成教材中第九章的练习题，巩固不等式与不等式组的相关知识。

做一些与实际生活相关的不等式与不等式组的应用题，提高应用能力。

上述复习计划只给出了我们要求它重点关注的五章，其他五章的复习计划没有给出。对于其他五章，该学生的掌握情况分别是七年级上册第一章"有理数"与七年级下册第十章"数据的收集、整理与描述"掌握较好，所以我们决定在复习计划中去掉这两章，剩下的一周时间复习其他三章内容，分别是七年级上册的第二章"整式的加减"与七年级下册的第五章"相交线与平行线"、第六章"实数"。

指令如下：

上述复习计划没有列出其他章节，且缺少第六周的复习计划，请补充第六周的复习计划，学生需要复习的章节分别为七年级上册的第二章"整式的加减"（安排 2 天）与七年级下册的第五章"相交线与平行线"（安排 3 天）、第六章"实数"（安排 2 天）。

豆包补充的复习计划同样包含了典型例题，我们去掉了这部分，得到了如下一份补充复习计划：

（1）1～2 天：复习七年级上册第二章"整式的加减"

①知识梳理

整式的概念：单项式和多项式统称为整式，单项式是数或字母的积，多项式是几个单项式的和。

合并同类项：把多项式中的同类项合并成一项，叫合并同类项，合并同类项后，所得项的系数是合并前各同类项的系数的和，且字母连同它的指数不变。

去括号：如果括号外的因数是正数，去括号后原括号内各项的符号与原来的符号相同；如果括号外的因数是负数，去括号后原括号内各项的符号与原来的符号相反。

②练习与巩固

完成教材中第二章的练习题，熟练掌握整式的加减运算。

做一些综合性较强的整式加减运算练习题，提高解题能力。

（2）3～5天：复习七年级下册第五章"相交线与平行线"

①知识梳理

相交线：

邻补角和对顶角：两条直线相交会形成邻补角和对顶角，邻补角互补，对顶角相等。

垂线：两条直线互相垂直，其中一条直线叫另一条直线的垂线，它们的交点叫作垂足。垂线的性质是在同一平面内，过一点有且只有一条直线与已知直线垂直。

平行线：

平行线的判定和性质：同位角相等，两直线平行；内错角相等，两直线平行；同旁内角互补，两直线平行。两直线平行，同位角相等；两直线平行，内错角相等；两直线平行，同旁内角互补。

平移：把一个图形整体沿某一直线方向移动，会得到一个新的图形，新图形与原图形的形状和大小完全相同，连接各组对应点的线段平行（或在同一条直线上）且相等。

②练习与巩固

完成教材中第五章的练习题，巩固相交线与平行线的相关知识。

做一些与平行线的判定和性质有关的练习题，提高逻辑推理能力。

（3）6～7天：复习七年级下册第六章"实数"

①知识梳理

平方根和立方根：

平方根：如果一个正数 x 的平方等于 a，即，那么这个正数 x 叫 a 的算术平方根，a 的算术平方根记为 $\sqrt{a}$。如果一个数的平方等于 a，那么这个数叫 a 的平方根，一个正数有两个平方根，它们互为相反数，0 的平方根是 0，负数没有平方根。

立方根：如果一个数的立方等于 a，那么这个数叫 a 的立方根，一个数 a 的立方根，用符号 "$\sqrt[3]{a}$" 表示，正数的立方根是正数，负数的立方根是负数，0 的立方根是 0。

实数：

实数的分类：实数包括有理数和无理数，有理数可以化为有限小数或无限循环小数，无理数是无限不循环小数。

实数与数轴的关系：每一个实数都可以用数轴上的一个点来表示；反过来，数轴上的每一个点都表示一个实数，实数与数轴上的点是一一对应的。

②练习与巩固

完成教材中第六章的练习题，掌握实数的相关运算。

做一些关于实数的化简和求值练习题，提高运算能力。

　　将上述两个计划组合到一起，便得到一份完整的复习计划。针对该计划中的"知识梳理"部分，教师需要核对知识的准确性。"预习新知"部分的详细预习计划的制订同上，所以在这里我们就不再赘述了。

　　针对不同学生的知识掌握情况，教师在书写指令时，需要调整复习和预习的时间，也需要调整不同单元（或知识）的比重，从而使该复习计划更符合学生实际。

　　对于八年级上学期的学习计划，虽然其字数较少，但计划的层次性非常清晰，从每节课、每日、每周一直到每月都有比较明确的计划，所以需要做的就是将每日需要做的内容提取出来，并结合学生实际进行调整和补充。其实，由于不同学生填写的调查问卷不同，得到的学情分析也一定是不同的，所以在该部分得到的计划也一定会存在差异。比如，有些学生在课堂上会主动提问，而且也形成了复习和预习的习惯，那计划中便可以不体现这些内容。针对该学生的情况，将他每日需要做的内容提取出来，可得到如下一个每周小计划。

　　周一到周五每日需要完成任务

　　主动提问：鼓励学生在课堂上遇到不懂的问题时，勇于提问，寻求解决办法。

课堂互动：积极参与课堂讨论，与同学分享解题思路。

复习：每天花一定时间复习当天所学的内容。

独立作业：每次作业都要求学生独立完成，遇到困难先尝试自己解决。

预习：每次作业后，预习第二天要学习的内容。

错题本：建立错题本，记录所有错题及其解法，定期复习。

周末需要完成的任务：

安排一次全面复习，回顾一周内的学习内容，回顾错题。

将每周小计划发给豆包，并设计如下指令：

> 将上述内容以表的形式呈现出来，横向表头依次填写周一到周六，纵向表头依次填写需要完成的任务，其他表格为空格。

豆包生成的表格如图 5-1 所示。

任务	周一	周二	周三	周四	周五	周六
主动提问						
课堂互动						
复习						
独立作业						
预习						
错题本						
全面复习及回顾错题						

图 5-1　豆包生成的表格

学习周期是 16 周，所以需要制作出 16 个这样的表格，附在学习计划后面，学生每天完成的项目，就在空格内打上对号。

5.3 借助 AI 获取个性化学习资源

在现代社会，学习资源的获取变得前所未有的便捷，而 AI 技术的飞速发展更是为个性化学习资源的获取提供了更多可能。对于学生而言，在落实个性化学习计划的过程中，很可能需要用到一些个性化的学习资源。比如，在整理总结错题之后，学生为了强化解题思路，需要针对该类题型做专项训练，这时，学生便可以把该错题发给 AI，让它生成几道类似的题型。

图 5-2 是人教版七年级上册第三章"一元一次方程"中的一道例题。

> 问题 1　某校三年共购买计算机 140 台，去年购买数量是前年的 2 倍，今年购买数量又是去年的 2 倍。前年这个学校购买了多少台计算机？

图 5-2　教材中的例题

我们将这道题上传到豆包，然后写了如下一条指令：

> 这是人教版七年级上册第三章"一元一次方程"中的一道例题，请参考这道题，出几道考查学生一元一次方程相关知识点的练习题，附带解题思路、解题步骤和答案。

豆包生成了两道题，详细内容如下：

> 练习题一：
>
> 某商店三个季度共卖出手机 210 部，第二个季度卖出的数量是第一个季度的 3 倍，第三个季度卖出的数量又是第二个季度的 2 倍。第一个季度这个商店卖出了多少部手机？

解题思路：

设第一个季度卖出的手机数量为 x，然后根据各个季度卖出手机数量的关系，分别用含 x 的式子表示出第二个季度和第三个季度卖出的手机数量，再根据三个季度共卖出 210 部手机这个条件列出方程求解。

解题步骤：

设第一个季度卖出手机 x 部。

因为第二个季度卖出的数量是第一个季度的 3 倍，所以第二个季度卖出 $3x$ 部。

又因为第三个季度卖出的数量是第二个季度的 2 倍，所以第三个季度卖出 $6x$ 部。

根据三个季度共卖出 210 部手机，可列出方程：$x+3x+6x=210$。

合并同类项得：$10x=210$。

解得：$x=21$。

答案：第一个季度卖出了 21 部手机。

练习题二：

某工厂三年共生产零件 180 个，去年生产的数量是前年的 2 倍，今年生产的数量又是去年的 1.5 倍。前年这个工厂生产了多少个零件？

解题思路：

设前年生产的零件数量为 y，根据题目中给出的数量关系，分别表示出去年和今年生产的零件数量，再根据三年共生产 180 个零件列出方程求解。

解题步骤：

设前年生产零件 y 个。

去年生产的数量是前年的 2 倍，则去年生产 $2y$ 个。

今年生产的数量是去年的 1.5 倍，所以今年生产 $3y$ 个。

因为三年共生产 180 个零件，所以可列出方程：$y+2y+3y=180$。

合并同类项得：$6y=180$。

解得：$y=30$。

答案：前年这个工厂生产了 30 个零件。

附带解题思路、解题步骤和答案是为了让学生有一个参考。这两道题的形式变化较小，所以我们又发送了一条指令：

形式变化再大一点。

豆包再次生成了两道题，这两道题的形式变化与之前相比的确大了一些，详细内容如下：

练习题一：

某果园三个季节共收获水果 330 千克。去年收获的数量是前年的 1.2 倍，今年收获的数量比去年多 30 千克，且今年收获的数量是前年的 1.8 倍。前年这个果园收获了多少千克水果？

解题思路：

设前年收获水果的数量为 x，用 x 依次表示出去年和今年收获的水果数量，再根据总收获量列出方程求解。

解题步骤：

设前年收获水果 x 千克。

去年收获的数量是前年的 1.2 倍，则去年收获 $1.2x$ 千克。

今年收获的数量是前年的 1.8 倍，即今年收获 $1.8x$ 千克，又已知今年收获的数量比去年多 30 千克，所以可得到 $1.2x+30=1.8x$。

解方程：$1.8x-1.2x=30$，$0.6x=30$，解得 $x=30÷0.6=50$。

答案：前年这个果园收获了 50 千克水果。

练习题二：

某养殖场三个年度共养殖家禽 450 只。去年养殖的数量是前年的 1.5 倍，今年养殖的数量比去年多 50 只，且今年养殖的数量是前年的 2.5 倍。前年这个养殖场养殖了多少只家禽？

解题思路：

设前年养殖家禽的数量为 x，用 x 依次表示出去年和今年养殖的家禽数量，再根据总养殖数量列出方程求解。

解题步骤：

设前年养殖家禽 x 只。

去年养殖的数量是前年的 1.5 倍，则去年养殖 1.5x 只。

今年养殖的数量是前年的 2.5 倍，即今年养殖 2.5x 只，又已知今年养殖的数量比去年多 50 只，所以可得到 $1.5x+50=2.5x$。

解方程：$2.5x-1.5x=50$，$x=50$。

答案：前年这个养殖场养殖了 50 只家禽。

学生除了可以用 AI 生成同类型的习题外，还可以借助 AI 获取一些和兴趣爱好有关的学习资源。比如，学生对化学实验很感兴趣，便可以让 AI 推荐一些适合该阶段学生观看的书籍或视频。

指令如下：

我是一名九年级学生，对化学实验很感兴趣，请推荐一些化学实验相关的科普书籍或视频。

豆包生成了相关内容，并提供了信息来源，如图 5-3 所示。学生可以点击信息来源，跳转到相关页面，查看页面的内容。

以下是一些适合九年级学生观看的化学实验相关的科普书籍和视频：

点击这里，跳转到相关页面

图 5-3　豆包生成的内容（部分）

5.4　虚拟家教：解决学生个性化学习中的各类问题

学生在个性化学习的过程中可能会遇到各种问题，AI 可以充当虚拟家教，帮助学生解决各类问题。在诸多 AI 工具中，豆包针对学生学习构建的智能体相对成熟，所以在本节中，我们以豆包中几个比较好用的智能体为例，做简要介绍。

辅导学生理解抽象的概念、公式、定理等知识

在豆包的智能体模块，有一个"学习小帮手"的智能体（图 5-4），它可以辅导学生理解抽象的概念、公式和定理。

学习小帮手

可以解答从小学到大学的各科题目，…

🔥 1259.4 万人聊过　·　@豆包爱学

图 5-4　"学习小帮手"智能体

比如，学习函数时，如果你在课堂上没有理解函数的概念，可以在课下请教"学习小帮手"，让它帮你解释一下函数的概念，如图 5-5 所示。

> 你能帮我解释一下一次函数吗？

一次函数是函数中的一种，其表达式为 $y = kx + b$（k、b 为常数，k ≠ 0）。它的图象是一条直线，当 k > 0 时，函数单调递增；当 k < 0 时，函数单调递减。

你可能还想问：

一次函数的性质有哪些？

如何求一次函数的解析式？

图 5-5　"学习小帮手"的解答

如果解释太笼统或者难以理解，可以要求它解释得再详细和通俗一些。豆包给出的回答见图 5-6。在给出回答的同时，豆包还会附带给出一些问题，如果学生对这些问题感兴趣，可以直接点击。

> 可不可以解释的再详细和通俗一些？

一次函数的表达式 $y = kx + b$ 中，k 决定了直线的倾斜程度和方向，b 决定了直线与 y 轴的交点位置。比如，k 越大，直线越陡峭；k 为正数时，直线从左到右上升，k 为负数时，直线从左到右下降。b 是直线与 y 轴相交时的纵坐标值。您可以通过给定不同的 k 和 b 值来画出具体的函数图象，这样能更直观地理解。

你可能还想问：

一次函数有哪些实际应用？

图 5-6　豆包再一次给出更详细和通俗的解释

除概念外，公式、定理等知识都可以请教"学习小帮手"，它都可以一一解答。比如，学习物理时，如果你不理解牛顿第一定律，可以让"学习小帮手"给出解释，如图 5-7 所示。

详细解释一下牛顿第一定律。

牛顿第一定律，也称为惯性定律，指的是任何物体都要保持匀速直线运动或静止的状态，直到外力迫使它改变运动状态为止。物体具有保持原来运动状态的性质，这就是惯性。比如，在一辆匀速直线行驶的汽车中，突然刹车，乘客会向前倾，这就是因为乘客具有惯性。

你可能还想问：

牛顿第一定律在生活中的例子有哪些？

牛顿第一定律和牛顿第二定律的区别是什么？

图 5-7　"学习小帮手"给出解释

如果学生使用的是手机 APP，可以点击页面右上角的"通话"按钮，进入与"学习小帮手"的实时对话界面，如图 5-8 所示。在该界面，学生可以针对任何学习问题与"学习小帮手"展开讨论。注意，只要是豆包 APP 中的智能体的右上角"通话"按钮，便都可以进入与该智能体的对话界面。

图 5-8　与"学习小帮手"的实时对话界面

为学生解题答疑

在学生个性化学习的过程中，难免会遇到不会的习题，这时，学生可以使用豆包里的"解题答疑"功能，由于该功能在前面已有论述，在此便不再赘述。

在豆包的智能体中，还有一个"解题答疑助手"的智能体（图 5-9），学生也可以使用这个智能体解决各学科的作业难题。在这里，我们使用的是豆包 APP。

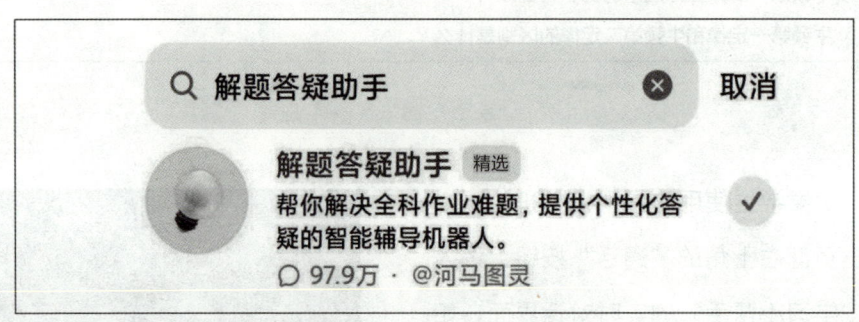

图 5-9 "解题答疑助手"智能体

例如，将图 5-10 的数学题发给"解题答疑助手"后，它很快给出了答案，并给出了分析、详解和总结，见图 5-11。

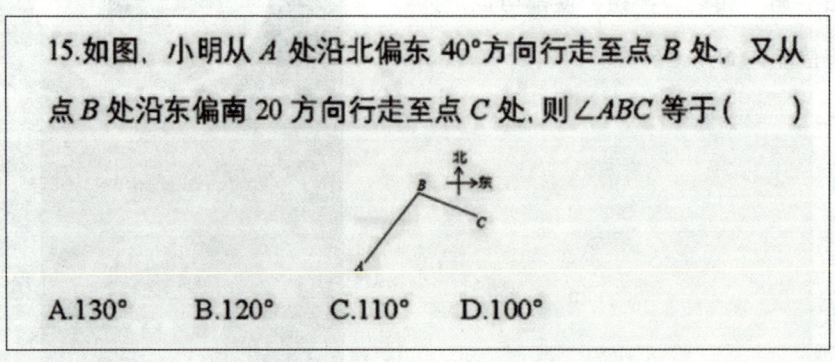

图 5-10 数学题发给"解题答疑助手"

分析

通过小明的行走方向和角度，利用平行线的性质求出相关角的度数，从而得出∠ABC的度数。

详解

(1) 小明从A处沿北偏东40°方向行走至点B处，所以∠DAB = 40°。

因为向北方向线是平行的，即AD // BE，根据两直线平行，内错角相等的性质，所以∠ABE = ∠DAB = 40°。

(2) 小明从点B处沿东偏南20°方向行走至点C处，所以∠CBF = 20°。

因为∠EBF是直角，即∠EBF = 90°，所以∠EBC = ∠EBF − ∠CBF = 90° − 20° = 70°。

(3) 最后，∠ABC = ∠ABE + ∠EBC = 40° + 70° = 110°。

总结

∠ABC等于110°，故本题的答案是 C 选项。

图 5-11　"解题答疑助手"给出的分析、详解和总结

给学生批改作文

前面我们提到，豆包有一个"作文批改助手"的智能体，如果学生的作文写得不好，可以用这个智能体给自己批改作文，然后结合"作文批改助手"给出的建议改正错误，逐步提升自己的作文水平。由于相关操作在前面已有论述，在此便不再赘述。

帮学生记忆单词

如果学生需要记单词，可以使用豆包中的"8000 单词不在话下"这个智能体（图5-12）。学生输入想要记忆的单词，它会输出关于词义、例句、词根词缀、变形、文化背景、记忆技巧和小故事等内容，见图 5-13、图 5-14。在这里，我们使用的同样是豆包 APP。

8000单词不在话下

🔥 7.3 万人聊过 · 创建人 @丸子

添加到对话

你好呀，

请输入你想要学习的英文单词哦~

我会输出关于词义、例句、词根词缀、变形、文化背景、记忆技巧和小故事等内容。

图 5-12 "8000 单词不在话下"智能体对话界面

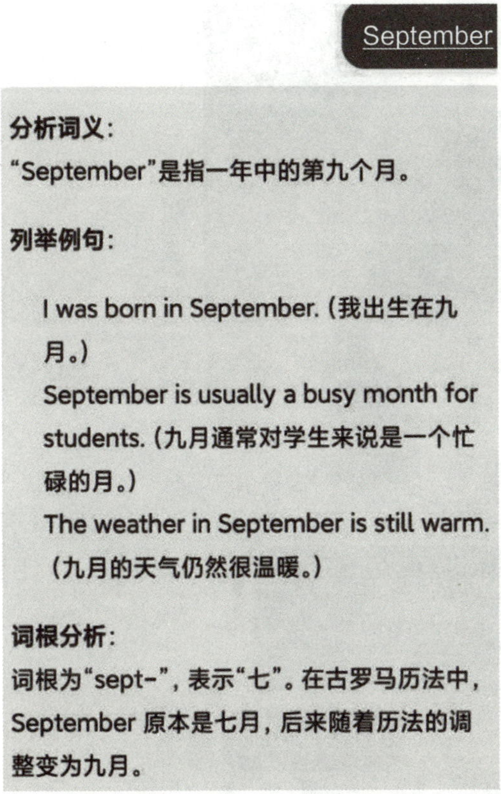

September

分析词义：

"September"是指一年中的第九个月。

列举例句：

I was born in September. (我出生在九月。)

September is usually a busy month for students. (九月通常对学生来说是一个忙碌的月。)

The weather in September is still warm. (九月的天气仍然很温暖。)

词根分析：

词根为"sept-"，表示"七"。在古罗马历法中，September 原本是七月，后来随着历法的调整变为九月。

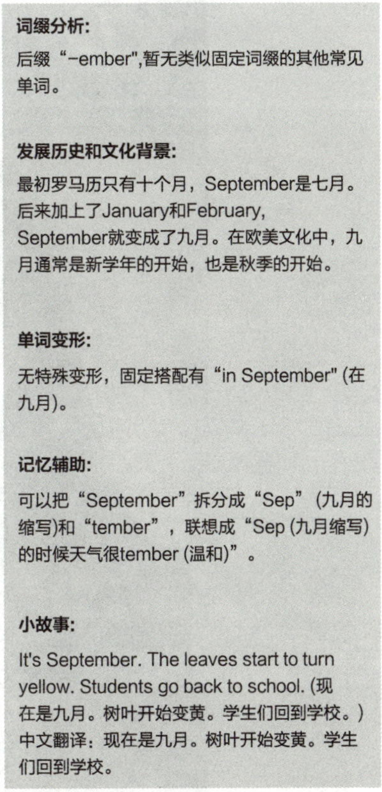

词缀分析：

后缀"-ember"，暂无类似固定词缀的其他常见单词。

发展历史和文化背景：

最初罗马历只有十个月，September是七月。后来加上了January和February，September就变成了九月。在欧美文化中，九月通常是新学年的开始，也是秋季的开始。

单词变形：

无特殊变形，固定搭配有"in September"(在九月)。

记忆辅助：

可以把"September"拆分成"Sep"(九月的缩写)和"tember"，联想成"Sep (九月缩写)的时候天气很tember (温和)"。

小故事：

It's September. The leaves start to turn yellow. Students go back to school. (现在是九月。树叶开始变黄。学生们回到学校。)
中文翻译：现在是九月。树叶开始变黄。学生们回到学校。

图 5-13　智能体输出的内容（1）　　　图 5-14　智能体输出的内容（2）

陪学生练习口语

　　豆包还有一个"英语口语聊天搭子"的智能体，利用这个智能体（豆包 APP 中），学生可以随时随地和它进行英语对话，锻炼自己的英语口语能力。对话界面见图 5-15。

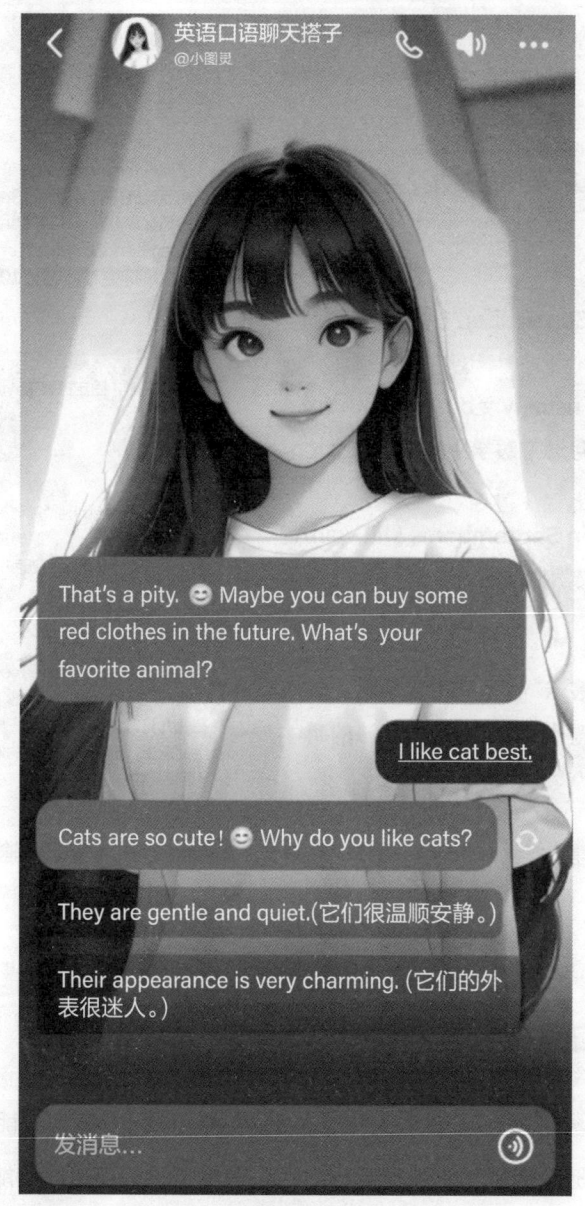

图 5-15　"英语口语聊天搭子"智能体对话界面

后 记

关于 AI 教师的探索还远远没有结束，本书也仅仅只是揭开了 AI 教师的冰山一角。事实上，随着科技的迅猛发展，AI 教师在教育领域的潜力将越来越被人们所认可。我们正处在一个快速变革的时代，这种变革为教育提供了新的机遇。我希望，越来越多的教师愿意了解并应用 AI 技术，踏上这条 AI 教师的探索之路，一起为我们的教育探索更多的可能。

最后，献上我对所有教师的敬意：感谢你们的辛勤付出。希望 AI 教师能成为你们的得力帮手，为你们的工作带来更多的便利。